いつの時代も不動産投資

ゼロからの成功メソッド

オスカーキャピタル
代表取締役
金田 大介

SOGO HOREI PUBLISHING CO., LTD

はじめに

ここ数年、サラリーマンの間で不動産投資がいまだかつてない活況を見せています。この本を手に取ったあなたも、副収入や脱サラ、老後の安定収入を目指して、不動産投資に興味をお持ちになったことと思います。

巷では、不動産投資を勧める本やセミナーが溢れ、多くの成功者の体験談を見聞きするにつれ、期待に胸を膨らませている人もいるでしょう。そんなあなたの背中を押すように、「始めるなら今」と不動産会社から営業を受けることもあるでしょう。

しかし、私はそんな風潮に、少々疑問を感じているのです。

●投資ブームに惑わされないで

不動産投資は、「今」という時流に合った投資法ではなく、すでに何十年も前から有効な資産形成の方法として行われてきました。それだけに、正しい法則に則って行えば、リスクを抑えて資産を運用し、増やすことができる有効な投資法です。本来、不動産投資は、いつの時代でもできるものであり、どんな状況でも、どんな時代においても有効な投資手法なのです。

とはいえ、知識が不十分なまま、勢いで始めてしまうと、空室リスクや金利上昇リスク、修繕計画などへの対応に十分な手が打てず、大きなリスクを背負うことになりかねません。不動産投資は、取引金額が大きいだけに、いざ方向転換しようと思っても、思うようにいかないケースもあります。

そうならないためにも、本書を通して、正しい知識を身につけてから挑戦していただきたいのです。

●あと少し、収入を増やしたいサラリーマンへ

これまで不動産投資やアパート経営は、もともと土地を所有する地主や、不動産を購入するに値する十分な資産を有する資産家が行うことが多かったのですが、ここ数年は、サラリーマンの参入が急増しています。

私が特に推奨したいのが、20～30代のうちにキャリアを積み上げ、年収700万円以上を得ているサラリーマン世代です。本業が忙しく、仕事に邁進していても、なかなか手取り収入は増えないのが実情です。それでいて、結婚や子育てで必要なお金は年々増えていき、毎月あと数万円、収入を増やしたいと考えている方が多いはずです。

そうした方々から切実なご相談を受けるたびに、どうにかしてお役に立ちたいと思うようになりました。そこでサラリーマンのための不動産投資の入門書となるよう、必要なメソッドをまとめることにしました。年間80億円の不動産取引を行う不動産投資のスペシャリストとしてみなさんにお伝えしたいことがたくさんあるのです。

●サラリーマン投資家でも、経営マインドは必須

私自身の経験をお話ししますと、20代で不動産業界に飛び込みました。右も左もわからない中で、当時勤めていた不動産会社の社長から不動産の仕事のノウハウについて、現場を這いつくばって教わってきました。そのプロセスで学んだことがあります。

それは「**自らの意志によって行動して、結果に責任を持つ**」ということです。これは私

が仕事を行う上で何より大切にしている考えです。

私が経営するオスカーキャピタル株式会社では、マンション・アパートの土地建物1棟に特化した投資用不動産の物件を仕入れ、主に投資家へ販売しています。さらに購入後の物件管理のサポートまでカバーしています。

当社は複数の都市銀行や地方銀行に強固なネットワークを持っていることから、物件の評価や年齢・職業・年収といった顧客の属性に合わせて、最も適した融資付けのサポートを行うことも可能です。

●仲間と共に学び、成果を追求していくこと

そもそもこうした事業ができているのは、私自身が不動産業界で長年培ってきた、全国の不動産会社や税理士・弁護士とのネットワークがあるためです。相続案件や任意売却・競売などの不良債権案件をはじめ、市場に出回る前の物件情報を収集できる点が何よりの強みです。

不動産投資は顧客の属性、将来設計によって購入すべき物件や利用できる金融機関、自

己資金投入の有無など、さまざまな角度から検証しなければなりません。顧客に見合った案件のみを提案しますので、成約率が高くリピート購入が多い点も当社の特徴です。

当社のサポートにより成功している方は、収益物件を5～10棟、10億～20億円相当を所有し、毎年2000万～3000万円の利益を上げています。

そのような結果を出す方には、ある共通点があります。

それは「**不動産会社や投資家仲間と共に学び、行動し、徹底して成果を目指していくこと**」です。

本書は、本文に入る前に、まず不動産投資の世界で著名な投資家4名の方々のインタビューを掲載しています。4名ともサラリーマン投資家として不動産投資の世界に入り、現在は専業で不動産投資を大規模で行い、余裕のある生活を送られています。そして、前述の「不動産会社や投資家仲間と共に学び、行動し、徹底して成果を目指していくこと」を愚直に実践しているという点でも共通しています。本書をお読みのみなさんにも必ずできるはずです。

本書ではこの先、5年後、10年後も参考になるような不動産投資の基礎をまとめています。

ぜひみなさんにも不動産投資の正しい知識を身につけ、成功へのステップを歩んでいただきたいのです。

本書がその一助になることを祈っています。

2018年3月吉日

オスカーキャピタル株式会社　代表取締役　金田大介

CONTENTS

第１章

なぜ、いつの時代も不動産投資がおすすめなのか

第２章

不動産投資のしくみはこうなっている

第3章

目標を設定する

第4章

利益の出る物件の選択と購入の方法

第5章 銀行融資の活用方法

第6章

物件を運営管理する

第7章

物件を売却する

編集協力／高橋洋子、町田ケン
装丁デザイン／小松学（ZUGA）
本文デザイン／磯辺奈美（Dogs Inc.）
本文DTP・図表制作／横内俊彦

ベテラン投資家からのメッセージ1

街歩きやインテリア好きは、好きを活かして成長できる！

アユカワ　タカヲ

1966年生まれ。「宅地建物取引士」「ファイナンシャルプランナー」「相続コンサルタント」「不動産コンサルタント」などの肩書を持つマネープロデューサー。メディア関係企業のサラリーマン時代に不動産投資をスタート、2018年1月現在、92室のオーナー。年間家賃収入7600万円。区分、1棟、築古、築浅、新築、地方、東京、海外と幅広い物件に投資。2014年に独立。全国で年間200本以上のセミナー活動を行う。著書に『6億円サラリーマンになる方法（入門編）』（平成出版）、『不動産投資でハッピーリタイアした元サラリーマンたちのリアルな話」』（共著・青月社）。
ブログ・メルマガ・問い合わせは「人生自由化計画.com」。

◆不動産投資を始めたきっかけ

私が不動産投資を始めたのは2010年、42歳のときのことです。リーマンショックの影響で、勤めていた会社の業績不振により、予期せずボーナス・給与カットを体験しました。また母の病死も重なり、人生における自助努力の必要性を感じたことがきっかけです。

最初に目指したのは、50歳にはサラリーマン時代の収入を超え、脱サラすることでした。

サラリーマンを続けながら簡単にスタートできる不動産投資は、「都内区分マンション投資」と考えました。区分マンションを扱った書籍を読んだり、セミナーに参加したりして、知識を学んでいきました。そんな中、縁あって最初に購入した物件は、三軒茶屋から徒歩6分の築浅区分ワンルームマンションです。

最初の2年は、都内区分マンションを買い増していき、実績と知識を積んでいきました。でも、このまま区分を買っていても、キャッシュフローは限られている上、いずれ頭打ちになると感じたのです。

ステップアップするには、1棟もの投資にチャレンジすることが必須と考え、本格的に不動産投資を学べる学校に通い、体系的な知識を身につけ、1棟ものを購入していきました。

◆不動産投資で心がけていること

私が大事にしているのは、〝人とのつながり〟です。不動産投資は1人でやるものではなく、チームで戦う団体戦です。自分にとって最高のチームを作るために、素晴らしき投資家仲間、優秀な不動産業者、税理士、管理会社と出会う努力を続けています。

不動産業者が主催するセミナーに参加するといろんな出会いがあります。セミナーに参加したら、個別相談を受け、アドバイスを受けるといいです。私は不動産業者を通して、金融機関のパイプを5行、6行と増やしていきました。そうなると買える物件も増え、規模を拡大させることができますし、つきあいが長くなれば、次第に川上物件を紹介してもらえるようになります。

もちろん、融資が下りない局面や、融資が下りるのにいい物件が見つからないということもありました。しかし、不動産投資は長期にわたる経営です。長い目で見れば、うまくいかないタイミングもあります。「あせらず、気持ちに余裕を持って」と考えるようにしています。

いざ不動産投資を始めてみると、「自分に向いている」と感じました。もともと街歩きが好きで、不動産を見るのが好きだったこともあり、趣味の一環として楽しみながらできました。そうなると強いですよ。平日はサラリーマンの仕事、土日は物件調査でも苦にならないどころか楽しいわけですから。もし、あなたがインテリア好きだったり、部屋づくりのセンスがあるとすれば、きっと空室対策のための部屋づくりも得意なはずです。その好きを活かして不動産投資や賃貸業で力を発揮できるでしょう。

というのも、私が感じる不動産投資の一番のリスクは空室であると考えるからです。空室リスクに対処するには家具つきで入居者を募集したり、客付けしやすい部屋づくりを考えるなどの創意工夫が欠かせません。

◆これから不動産投資を始める方へ

昨今、不動産投資がメジャーな投資の1つとなり、誰でも簡単に参入できるようになっていますが、リスクもたくさんあります。リスクに備えるには、しっかり知識を積んで、いい仲間を1人でも多く見つけることです。

私は今でも、仲間づくりを大切にしています。セミナーを開催したり、メルマガ読者さんからの質問に答えたり、若い人たちとのつながりを大事にしています。そうしていくと、自分だけでは収集できない金融機関の情勢など最新事情を知ることができるのです。もともとメディア関連の仕事をしていたこともあり、セミナーもエンタテインメントだと思って楽しみながらやっているのも私の強みかもしれません。

楽しいことは自然に続けられますから、みなさんも自分の強みや楽しめることを見つけて、不動産投資に取り組まれるのがいいでしょう。

◆金田さんへ

いい物件に出会うには、信頼できる人、信頼できる不動産会社と出会うことにかかっています。オスカーキャピタルの金田さんこそ、不動産投資をはじめる人にとって素晴らしきパートナーとなる方です。金田さん、これからも1人でも多くの成功者を生み出してくださいね。

ベテラン投資家からのメッセージ2

爆発的にお金を増やした、効率的な不動産投資の広げ方

越谷大家《こしがやおおや》

1986年大阪生まれ。株式会社越谷大家代表取締役社長。都内区分マンションを2013年に購入し、サラリーマンをしながら不動産投資を始める。現在31歳、投資規模は5.8億円、年間キャッシュフロー2800万円。脱サラし、現在はセミナー講師としても活躍している。著書に『越谷大家流！　爆発的にお金を増やす!!　物件の効率的な購入の仕方と利回りアップ術』（セルバ出版）。

楽待コラム：http://www.rakumachi.jp/news/archives/author/junjun0505

メルマガ：https://canyon-ex.jp/fx20003/koshi

◆不動産投資を始めたきっかけ

私が不動産投資を始めたのは、26歳の頃です。サラリーマンの収入だけでは不満を感じ、副業や起業を意識したのがきっかけで、2013年、都内の区分マンションを購入したのが始まりです。

しかし、区分マンションでは副収入が劇的に増えるわけではなく、買い進めていくにも限界があるため、1棟ものを買い進める投資スタイルに変更していきました。

とはいえ、若年で始めたので、最初は融資に苦労しました。その経験から学んだのは自分でベストな物件を探して金融機関に持ち込むより、サラリーマン投資家向けに投資用の不動産を売買している不動産業者に自分で融資を組める銀行を提案してもらい、その銀行に合った物件の中から選ぶ方がスムーズに購入に進むということです。

なぜなら、多数の取引をしている不動産業者の方が金融機関とのパイプがあるため、融資が通りやすいのです。

また、不動産投資を始めた初期は、自己資金を使わず、キャッシュフローを増やすことに注力すべきです。

そうしていくと、次のフェーズに行くことができます。自己資金が増えることで金融機関の評価が高まり、次の物件を買い進めることができますし、融資を上手に使うことで投資効率を上げ、時間を短縮できます。私は投資にかかる「スピード」を重視しています。

◆不動産投資で心がけていること

さらに私が意識しているのが、他の人と変わった動きをすることと、一極集中は怖いと感じているので、分散投資することです。

不動産投資のほかにも太陽光発電事業や海外積立投資・アフィリエイトなど別の投資や事業を行っていますし、不動産投資でいえば、戸建、区分、1棟ものを組み合わせています。

なぜなら、不動産投資は利回りだけで見ると、よくて10～20%とほかの投資商品に比べると低いからです。また今後の日本の社会を考えると、今まで以上に空室に悩まされることになるでしょう。

ですから、キャッシュは温存し、分散投資でリスク回避することは必要不可欠です。

私自身、空室対策については、自主募集して客付けや賃貸契約まで自分でやることがあります。物件の近隣に、自分で作成した入居者募集のチラシを配布したり、知人の紹介で入居者を探したり、常に努力しています。

不動産投資は「投資」という名前がついていますが、賃貸業です。周りの人のサポートをたくさん受けられる事業なので、他の事業よりも参入しやすく、手間のかかりにくい事業です。また、貸倒れ率が非常に低い事業ですし、銀行融資を受けて規模を拡大しやすいです。興味がある方にはぜひチャレンジしていただきたいと願っています。

◆これから不動産投資を始める方へ

私は現在、脱サラしてメルマガを通して投資塾を行っています。塾生にアドバイスしているのは、次の3つです。

まず1つ目は、無理をしないこと。無理な融資を組んで、メンタルを病むなんてことがあってはつらいですから、自分の許容範囲をよく見極めることです。

2つ目は、安定したキャッシュフローが出る物件を買うこと。たとえば、築古戸建は利回りが高いからといって手を出す人がいますが、購入後、リフォームがままならないとか、客付けができないなどという話をよく耳にします。また、大きな物件を買うのも「空室が埋まらない」「修繕が間に合わない」といった悩みにつながるため、注意が必要です。

3つ目は、自己資金を極力使わないこと。現金があれば、リスクに対応できます。

◆金田社長へのメッセージ

オスカーキャピタルの金田氏には、いつもサポート生を優先していただき、感謝しています。出会ったのは3年ほど前の金田社長がセミナー講師をされていらっしゃるときで、テレビ取材が入っていました。そのときの私は、区分マンションを所有するのみでした。

現在の規模まで拡大できたのも金田社長のセミナーを受けたのがきっかけです。

これからも公私ともに、よろしくお願いいたします。

ベテラン投資家からのメッセージ３

貯金０から総資産12億円、家賃収入１億１５００万円へ

桜《さくら》木《ぎ》大《たい》洋《よう》

1966年東京・深川生まれ。千葉県在住。メーカーに勤務しながら、新築木造アパートを所得するが、手元に残るお金が年間20万円にしかならず、愕然とする。東日本大震災で自宅が被災し、一念発起。投資塾に入塾して本格的に不動産投資を始め、4年で7棟142室のオーナーに。2016年3月にサラリーマンリタイア。著書に『自己資金0円からはじめる不動産投資』『不動産投資でハッピーリタイアした元サラリーマンたちのリアルな話(共著)』(青月社)。
ホームページ「頭金ゼロで12億の資産を作る桜木不動産投資アカデミー」
http://sakuragitaiyo.com/
不動産投資を志す悩み多き人へ「不動産投資成功マインド養成バイブル」を無料で配信中。お申込みはこちら。→　http://goo.gl/5xgAjh

◆不動産投資を始めたきっかけ

私はもともとメーカーに勤務するサラリーマンでした。不動産投資を始めたのは2009年のこと。最初に購入した新築木造アパートは、インターネットで「アパート経営」をキーワード検索し、すぐに現場見学をしました。その勢いで1週間後に不動産会社に言われるまま、何の知識もなく契約書にサインしたのですが、その後、空室対策に右往左往した経験があります。

本格的に勉強を始めたのは東日本大震災の後です。投資塾で不動産投資の基礎知識をしっかり習得した後、知り合った不動産会社の紹介で収益性の高いRCを約2億円で購入しました。その後、借り換えをし、利回りの改善を図って賃貸経営を軌道に乗せました。それから1年に1棟ずつ大型物件を購入し、現在は7棟142室+戸建て1戸を所有しています。

「貯金0、資産0」の状態で、一切手元のお金を使わず、わずか4年間で、総資産12億円、家賃収入1億1500万円、年間キャッシュフロー2800万円を築くことができました。2016年3月末に脱サラを果たし、現在はセミナー講師、コンサルタントとしても活動しています。

◆不動産投資で心がけていること

これまでを振り返ってみて思うことは、不動産投資をする上で大事なのは、やはり「人とのつながり」です。これに尽きます。どうしたらいい人脈を築けるかというと、具体的には、物件紹介の連絡が来たら、24時間以内になるべく早くメールを返信することです。私はどんな物件紹介を受けても、必ず24時間以内には返信します。そうした地道なことから信頼関係を築いています。

◆これから不動産投資を始める方へ

私が不動産投資を行う上で苦労した点は、戸建て以外はすべてオーバーローンでやっているため、最初は融資がなかなか通らなかったことです。それでもあきらめずに物件検索を続け、不動産会社を開拓し、銀行訪問を毎日のように続けることで状況を変えていきました。

こうした私の投資スタイルは、通っていた投資塾の塾長や書籍に影響を大きく受けています。たとえば、私が影響を受けた書籍に『7つの習慣』(スティーブン・R・コヴィー著　キングベアー出版)があります。

この他、NLPというアメリカの心理学を使ったコミュニケーションスキルについて学び、『7つの習慣』では実践会ファシリテーター、NLPではプラクティショナーの資格を所有しています。

投資の知識だけではなく、日常の習慣や考え方、思考のパターンも変えていくことを大事にしてきました。これから不動産投資をされるなら、まずは目標をしっかりと具体的に定めることです。あきらめなければ必ず夢は叶います。

◆サラリーマン投資家をサポート

現在、私は、ホームページやブログ、セミナー、コンサルティングを通して、サラリーマン投資家をサポートする活動をしています。特に私がサポートしたいと思っているのが、今日も真面目に働いているお父さんたちです。

会社ではそれなりに頑張っているけれど、今の水準の収入がいつまで続くかわからない。かといって、今さら転職もできないし、副収入を得る時間もない。そんな不安を抱えながら、今夜も同僚と飲みに行って憂さ晴らし。そんなことでは、これからのお子さんの学費や家族の旅行代など、ますます心配事が増える一方です。

でも、サラリーマンとして培ったバイタリティーと誠実さがあれば、不動産投資はきっとうまくいきます。視点を変え、環境を変え、自分を変えていきましょう。

50歳にしてサラリーマンを卒業した私は、毎月のように海外旅行に出かけるようになり、時には妻とゆっくりとランチを楽しんだり、子どもたちの夢を後押ししてあげられるようになりました。それもこれも、かつて企業戦士として会社に通いながら、がんばってきた不動産投資のおかげです。

私の体験やアドバイスが、1人でも多くの方のヒントになれば、うれしく思います。

◆金田社長へのメッセージ

オスカーキャピタルの金田さんには、不動産のことだけでなく経営哲学も学ばせてもらっています。常に投資家のことを考え、対等な立場であり続ける金田さんの姿勢を尊敬しています。

「顧客も不動産会社のことをビジネスパートナーとして認識し、自立して、長い目でいい関係を構築できるように振る舞うべきだ」という金田さんの考えに同感です。

私も微力ながら、そんなWin-Winの関係が築ける投資家を1人でも多く輩出したいと思います。

ベテラン投資家からのメッセージ4

物件の価値を向上させる方法を増やし、継続することが成功のカギ

寺《てら》尾《お》恵《けい》介《すけ》

1973年愛知県出身。早稲田大学法学部卒。大家さん向け無料情報誌『満室経営新聞』編集長。不動産投資家。住友海上火災保険株式会社（現・三井住友海上火災保険株式会社）在職中に不動産投資をスタート。3年半で年間の家賃収入を5000万円にまで拡大し、サラリーマンを卒業。現在は174戸の賃貸用物件を保有し、年間の家賃収入も1億円を超える規模まで拡大。ブログやメールマガジンを通じて、不動産投資の情報提供を行う。著書に『フツーのサラリーマンですが、不動産投資の儲け方を教えてください！』『みんなが知らない満室大家さんのヒミツ（共著）』（ぱる出版）など。
大家さん業界では、ブログのハンドルネーム「投資家けーちゃん」として有名。
ホームページ　http://toushika-keichan.com/

◆不動産投資を始めたきっかけ

私が不動産投資を始めた2004年当時は、収益物件専門のポータルサイトもなければ、サラリーマンに不動産投資のための融資をする金融機関の情報もほとんどありませんでした。

最初はサラリーマンとして富山に勤務していたため、自己資金900万円と融資を使って富山のアパートを購入しました。その時代から現在に至るまで不動産投資を続け、脱サラし、現在は大家業の傍ら、大家さん向け無料情報誌『満室経営新聞』の編集長をしています。

ブログやメルマガを発信したり、不動産投資を行う方向けに個別相談に応じてきた経験から、私からは昨今のサラリーマン大家さんの傾向や注意すべき点などについて、お伝えしていきたいと思います。

◆最近の不動産投資のトレンドで感じていること

ここ数年は特に、サラリーマンが不動産投資に参入しやすい仕組みが整ってきています。収益物件専門のポータルサイトも充実していますし、収益専門の不動産会社もあり、投資家向けのローンも充実しています。スキームや仕組みが整ったことで、多くのサラリーマンが不動産投資に参入できるようになりました。

不動産投資を始めるハードルが低くなった分、その後の運営や管理で大きく差がついているように見受けられます。

その理由は次に挙げるようにいくつかあります。

1つ目は、そもそも最初の段階で、条件の悪い物件に手を出してしまったケース。購入してから、修繕にお金がかかったり、空室に悩まされたり、これは購入前の勉強不足が原因です。たとえば、車なら、まず、自動車教習所に通って車の運転の仕方を勉強してから買うはずです。それが不動産投資の場合、勉強不足のまま購入する方がいます。

2つ目の理由としては、新規参入しやすくなった分、覚悟が足りない人が多いことです。不動産投資やアパート経営は、長期にわたる経営によって成り立ちます。うまくいかないことがあってもあきらめずに続けることが大切です。

成果を出している人は、物件探し、融資先の開拓、利益の改善を常に続けています。

◆不動産投資で心がけていること

不動産投資を長く続けてきた立場から、どんなことを心がけるといいのかといえば、それは「価値向上カード」ともいえる、自分ならではの「切り札」をたくさん持つことです。ベテラン大家さんほど、この切り札を何百と持っているものです。

収益物件を購入したら、物件の価値を維持し、いかに価値を高めていくかに意識を向ける必要があります。なぜなら、建物は何もしなければ、経年変化していくからです。価値を高めるには、「価値向上カード」とも言えるノウハウをいくつも試してみることです。たとえば、入居者に人気の設備を追加したり、こまめに掃除をしたり、好まれるデザインを採り入れたり、1カ月家賃を無料にして入居者を早く決めるなど、方法は無限にあります。

物件の価値を上げるためのノウハウを増やすには、経験を積むことが何より重要ですが、不動産投資を始めたばかりでは、どんな方法があるのか、まだまだ未知数でしょう。そんなときには、ほかの物件のアイデアや大家仲間や先輩大家さんが行っていることが役に立ちます。うまくいった方法をマネしてみるのが近道です。

たとえば、アパート名を代えるだけで、入居者が決まりやすくなります。「○○荘」というアパート名よりも、イタリア語など横文字のオシャレなアパート名の方が今どきの入居者には好まれます。

ほかにも和式のトイレよりも、洋式でウォシュレットのトイレにすることで入居率が上がります。

こうした誰でもできる方法をしっかりと

行うことで結果がついてきます。

◆これから不動産投資を始める人へ

不動産投資で成功するか失敗するかの分かれ道は、細かなことをどこまでコツコツ続けられるかにかかっています。収益物件を「買う」ことばかりに意識が向いている人が少なくありません。もちろん、買い足していくこと自体はいいのですが、大事なのは、その後の「運営」です。

不動産投資は、知識やノウハウを「換金」できる魅力的な投資だと考えています。勉強することで、不動産投資や賃貸管理のノウハウが広がり、その分、お金に換えることができるのです。そのため、ほかの勉強よりも、不動産投資に関する勉強はコストパフォーマンスがいいと思っています。だからこそ、常に知識取得に励むことが大切です。

たとえば、私が編集長を務めている『満室経営新聞』や私が発行しているメールマガジンでは、無料で賃貸管理や不動産投資に役立つ情報を得ることができます。それらを元に情報収集するのもいいでしょう。

不動産投資は継続して、学び続け、行動し続ける人が強いと感じています。

私自身、今なお、全国を飛び回り、地方の成功事例や活躍する大家さんを取材して勉強を続けています。

第 1 章

なぜ、いつの時代も
不動産投資が
おすすめなのか

1

いつの時代も不動産投資がおすすめな理由

●知識と経験を積むことでリスクをコントロールできる

不動産投資で成功し、脱サラして悠遊自適な暮らしを送る投資家の姿を見て、「いつか自分もそんな風になれたら」と期待に胸を膨らませている読者も多いでしょう。特に近年は、低金利でローンが借りられることもあって、「不動産投資を始めるなら今」だと言われていますが、私から見ると、少々煽《あお》りが強いように感じられます。

不動産投資は、ブームや流行りに関係なく、いつの時代においてもリスクよりリターンとメリットの方が多い投資です。

一般的によく言われていることですが、不動産投資は「**ミドルリスク・ミドルリターン**」

な投資です。株やＦＸなどの投資商品に比べて、知識と経験を積むことで、ある程度はリスクを把握してコントロールすることができます。

また、始めてすぐに、大きく利益が出るものではありませんが、中長期にわたり、安定した利益を生み出すことが可能です。

●景気が悪いときには悪いときの戦略がある！

景気がよく、いい物件の情報が出て、低金利でローンが受けられるときに不動産を買うことはもちろんいい方法です。マーケット状況がよければ、金融機関から融資を受けやすいため、通常なら買えないような属性の方でも不動産を買うことができる場合があります。

では、マーケットが下がっているときには不動産を買わない方がいいかというと、実はそうでもないのです。景気が悪いときには、悪いときなりの買い方があります。

たとえば、景気が悪くなり、いろいろな企業が倒産し、破産する人が出てきたとします。すると、競売にかけられる物件も増え、不動産を手放さざるをえないケースが出てきます。

そうなれば、売り主は一刻も早く現金が必要になります、売り急ぐため、買う側にとっては安く物件を買えるチャンスなのです。

不動産の世界では、安いときに買い、高く売れるときに売ることで、売却益（キャピタルゲイン）を大きくすることができる可能性が大いにあります。

また、経済が安定しているときは、安定しているときなりの買い方があります。その際に買う理由は、「マーケットが安定しているから」です。

不動産投資は、特にサラリーマンが行う場合、物件を買うための資金の融資期間を20年もしくは30年と長期にわたって設定することになります。不動産市場は金融市場と連動しており、だいたい10年から、長くても15年周期でマーケットは良くなったり、悪くなったりを繰り返しています。つまりローンの返済期間を長く設定することで、マーケットのリスクヘッジがすでにできているのです。

ですから、マーケットが安定しているときに買うことで、その後の返済計画の見通しが立てやすくなるわけです。

これが、いつの時代も不動産投資を私がおすすめする大きな理由です。家賃収入に対する返済計画をしっかり立てておけば、大きく失敗することはそうそうありません。

不動産投資は節税対策にも有効

ローンを使って不動産を手に入れることにより、相続税などの税金対策になるケースがあります。特に親からまとまった財産を相続する予定の人は、早くから相続税対策の一環としてアパート経営を検討している方が多いです。

特に独身で高所得のサラリーマンの場合、控除額が少ないため、不動産を所有している間の所得税が軽減される節税効果が期待できます。また買う方の年齢によっては相続税対策にもなります。

不動産を所有することは、インフレヘッジになる

他に不動産投資をおすすめする理由として「**インフレヘッジ**」が挙げられます。

「インフレヘッジ」とは、インフレになったときに価値が減少しない資産に投資することで、インフレによる資産の損失を防ぐことを指します。インフレ時は貨幣の価値が低下するため、現預金や債券で資産を保有していると、資産価値が下がってしまいます。そこで、

インフレに伴い価格が上昇する貴金属や不動産などを保有することにより、資産の目減りを防ぐことができます。

つまり不動産を持っておくことで、インフレに対して、円の価値の増減に対応できるわけです。

このように不動産投資には様々なメリットがあります。

Point

- 「ブームだから不動産投資を始める」という考え方は誤りである。
- 不動産投資には様々なメリットがあり、いつの時代もおススメである。

2 証券マンや医者も、本業以外で不動産投資を行う理由

●高額所得者でも不労所得は魅力的

当社に相談に来られる方の多くを占めるサラリーマンが不動産投資を考える一番の理由は経済的な自由です。

年収700万円であれば、年収1000万クラスの経済力が欲しいと望む方が多いものです。とはいえ、大きな会社にいると、昇進に時間がかかり、給料がなかなか上がらないといったお悩みをよく聞きます。

証券マンであれば年収1000万～2000万円、中には5000万円を稼いでいるよ

うな方も不動産投資をしたいと相談に来られます。

あるいは、年収1000万円の勤務医や、開業医で年収2000万～3000万円ある方なども、社会的に見たらすでに十分な収入のある高所得者でしょう。それでも、そうした方々が不動産投資を始める傾向にあります。

その理由を聞くと、証券マンは時間と体を切り売りして、いつクビになるかわからない恐怖を抱えていることから、安定収入を望む方が多いようです。リーマンショックのときに証券マンは一気に給料が下がり、税金が払えなくなり、サラリーマンであるにも関わらず、財産の差し押さえにあってしまうケースがありました。たとえば、前年度の年収が1億円を超えていたため、次の年、会社をクビになって、3000万円の納税ができなかったケースです。

また、医者の場合は、外から見たら社会的信頼も厚く、収入も高いですが、実際の仕事は意外と肉体労働であり、スポーツ選手と同様、体を壊してしまっては、仕事が続けられないため、やはり不労所得を持っておきたいという考えに至るようです。

お金に働いてもらうという発想

労働で得られる収入とは対照的に、不動産投資は自分が汗水流して働かなくても家賃収入が入ってきます。お金に働いてもらうことができるのです。年収が高く、属性も高ければ、銀行側の評価が高いため、融資が下りやすく、レバレッジがかかりやすいので、本業で結果を出されている方ほど、不動産投資に向いていると言えます。

当社で物件を購入されているお客様の年齢は30代から40代前半の男性が多いのが特徴で、独身の方と結婚している方の割合は、半々ぐらいです。

最近では、20代で不動産投資を始める方もいます。その理由を聞くと、知り合いの話や将来に対する不安から、早めに資産を構築しておきたいと考える方が多いのが実情です。

30～40代の会社員で、安定収入があっても、「子どもの教育費や住居費がかさみ、生活費がぎりぎり」という方も少なくありません。

図表1は、給与所得者の年収ごとの分布を示したものです。これを見ると、ボリュームゾーンであるのは、年収300万～400万円の方であることがわかります。お子さんがいる場合、おそらく家計は厳しいのではないでしょうか。

図表1｜給与所得者の年収ごとの分布

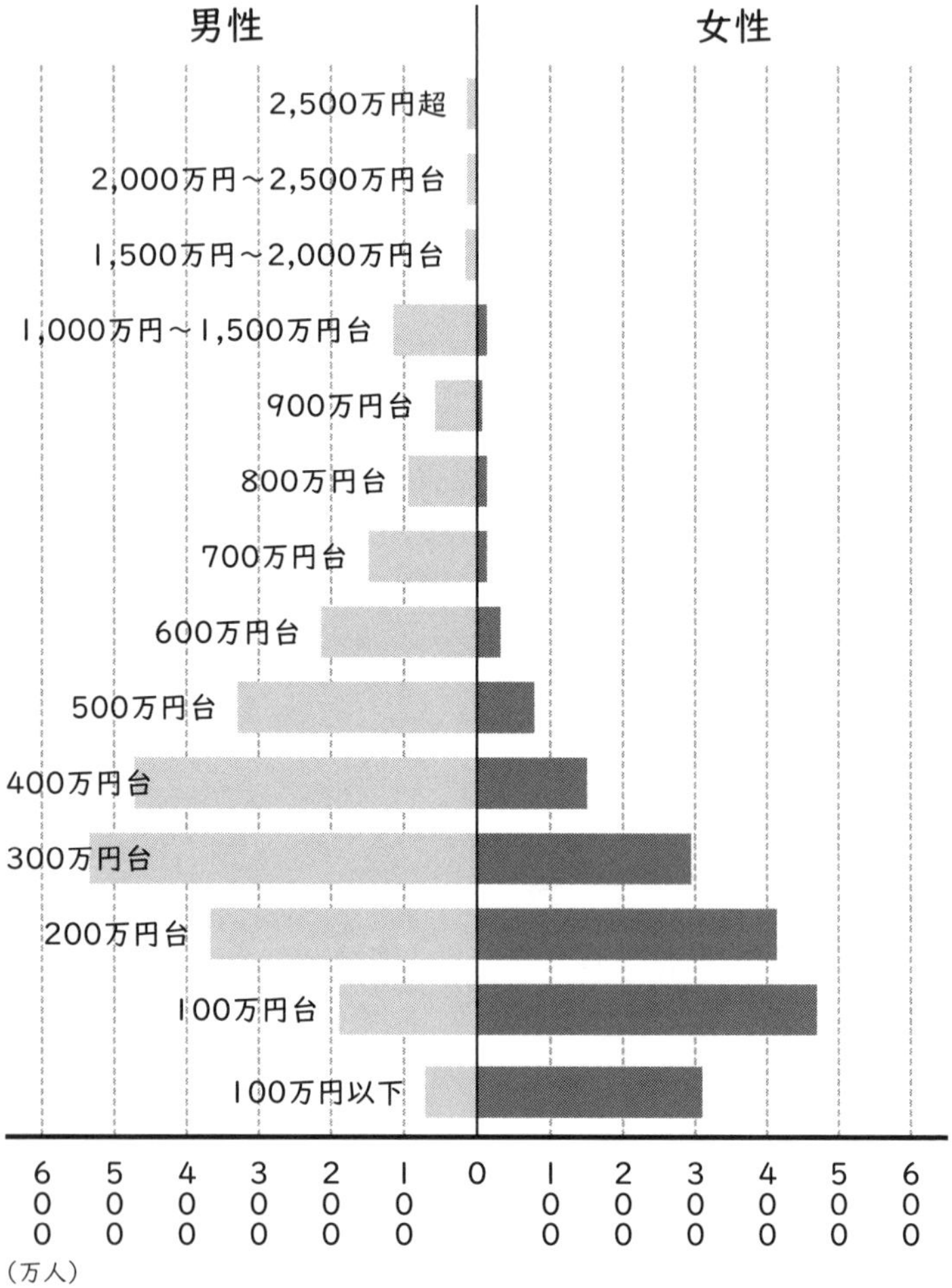

国税庁・平成28年度「民間給与実態統計調査結果」より

●あと300〜500万円年収を上げたいなら

こうした悩みや課題の解決策として、年収をあと300〜500万円上げる手法として何があるでしょうか？　副業でビジネスを始める、株やFXをやるといった選択肢の1つに不動産があります。副業でビジネスをやるとなると、初期投資が必要になります。株となれば、投入した資金を失ってしまうこともあります。

しかし、サラリーマンであれば、〝社会的信用〟という目に見えない大きな財産があり、その社会的信用と銀行からの融資を組み合わせることで、レバレッジがかかって、極力少ない自己資金で、お金の流れ（キャッシュフロー）を生むことができるのです。

当社の事例では、年収700万円のサラリーマンであれば、自己資金が少なくても、3億円程度の不動産を購入することができます。さらに成功した事例では、年間のキャッシュフローを税引き前で500万円ぐらいまで得ることができた人もいます。

つまり、不動産投資を行うことで、年収700万円の人が、年収1200万円のライフスタイルを送ることができるのです。

他の金融商品や副業で、それが実現できる仕事や投資があるでしょうか？　ありませんよね。これがサラリーマンに不動産投資が適している一番の理由なのです。

Point

- これからの時代、給与以外の収入を持つことが求められるようになる。
- お金を働かせて不労所得を得られる不動産投資はサラリーマンに最適である。

3 他の金融商品と比較した不動産投資の利点

●少ない自己資金で大きなお金を動かせる

ここで改めて他の金融商品と比較した場合の不動産投資の利点について解説しましょう。

私が考える不動産投資の一番の利点は**レバレッジ**です。

レバレッジとは「てこの作用」のことで、経済活動において他人資本を使うことで自己資本に対する利益率を高めることを指します。

不動産投資はまさに、少ない自己資金で大きなお金を動かせるため、レバレッジ効果の高い投資です。

他人資金で資産を動かしている割には、安定した利益を生み出すことができます。そこが最大の特徴です。

株やＦＸ、投資信託、国債など他の金融商品は、他人の資本でできるでしょうか？　答えは否です。自分のお金を投じなくてはなりません。

他にも不動産投資ならではの特徴に、長期間にわたってローンを組むことによって、マーケットのリスクを回避できる点があります。景気が良かろうが悪かろうが、市場に振り回されない安定収入を得ることができます。

たとえば、一部屋の家賃収入が５万円だったとします。景気が良いからといって家賃が10万円に上がるわけではありません。逆に、リーマンショックなどの影響で景気が落ち込んだからといって、家賃５万円の部屋が３万円に下がることもありません。

このように、不動産投資で得られる収入は手堅く、安定しており、かつ少額の自己資金でレバレッジがかかりやすいのです。

●インカムゲインとキャピタルゲインの２つの収益が見込める

不動産投資を行うことで得られる収益には「**インカムゲイン**」と「**キャピタルゲイン**」の２つがあります。

「インカムゲイン」とは、資産を保有することによって安定的かつ継続的に得られる現金収入のことを指します。つまり、不動産投資でいうインカムゲインとは、毎月の家賃収入を指します。

一方、「キャピタルゲイン」とは譲渡益です。不動産や証券などの資産が値上がりした後に、それを売却したことで得られる利益のことです。

つまり、不動産投資では、不動産を所有している限り、毎月決まった家賃という「インカムゲイン」が入り続け、さらに不動産を売却した際には「キャピタルゲイン」という２つ目の収益を狙えることになります。

もちろん、株や投資信託といった他の金融商品でも、配当金という「インカムゲイン」と売却時の「キャピタルゲイン」を狙うことができます。しかし、それらの価値は景気により暴落する可能性があります。

不動産の場合、土地や建物の価値が消えてなくなるわけではないので、より安定的に2つの収益を狙うことができるのです。

Point

- **不動産投資は、少ない自己資金で大きなお金を動かせるレバレッジ効果が高い。**
- **不動産投資は、インカムゲインとキャピタルゲインの2つを得られる。**

4 その他にもある、不動産投資のメリット

●私設年金代わりになる

不動産投資には、その他にも様々なメリットがあります。

まず1つに、私設年金代わりになる点です。

今30～40代のみなさんが65歳になる25～35年後の世の中では、果たして今のような年金制度が維持されているでしょうか。今後我が国の少子高齢化が顕著になることで、少ない現役世代によって多くの高齢者を支える時代が本格的に到来します。

そうした年金への不安から、昨今では、確定拠出型年金など私設年金を始める方が増え

ているようです。

実は、そのような年金の支給額不足に対する不安は、不動産投資による家賃収入で軽減することができるのです。

たとえば、30代でマンション1棟を購入して、会社を定年退職するまでにローンを完済できたとしましょう。それ以降は、諸経費が若干かかるものの、アパート経営による家賃収入が仮に年500万円あったとすれば、退職後も年金への不安なく、ゆとりある老後の生活が期待できるでしょう。

●私設年金と家賃収入の比較

仮に、個人で年金の積み立てをしたとしましょう。月々2万円の個人年金保険を35年間積み立てた場合、積み立てた総額は840万円（＝2万×12カ月×35年）になります。35年後に受け取れる金額を毎月10万円とすると、840万円÷（10万円×12カ月）＝7年。

受け取れる期間は個人年金保険により差がありますが、35年間にわたって毎月2万円コツコツ積み上げたとしても、受け取れる期間はわずか7年しかありません。

不動産投資の場合、ローン完済後は、不動産を売却しない限り、家賃収入が半永久的に入ってきます。年金は亡くなれば受け取ることができませんが、家賃は未来永劫《みらいえいごう》入ってくるので、家族が引き継ぐこともできます。これは不動産投資ならではの魅力と言えるでしょう。

● 不動産投資は生命保険の代わりにもなる

不動産投資は、生命保険の代わりにもなるとも言われています。どういうことなのか、解説していきましょう。

不動産を購入する際、サラリーマンなら普通は長期間のローンを組むことになります。住宅ローンを組んで自宅を購入する際と同様に、「**団体信用生命保険**」（団信）への加入が通常、義務化されています。団信は、ローンを借り入れている人が亡くなったり、高度障害になったりした際に、ローンの残高を保障する保険です。保険の契約は銀行などの金融機関と保険会社の間で結ばれます（図表２）。

団体信用生命保険が適用されると、ローンを組んだ本人が死亡や高度障害などでその後

図表2｜団体信用生命保険（団信）の仕組み

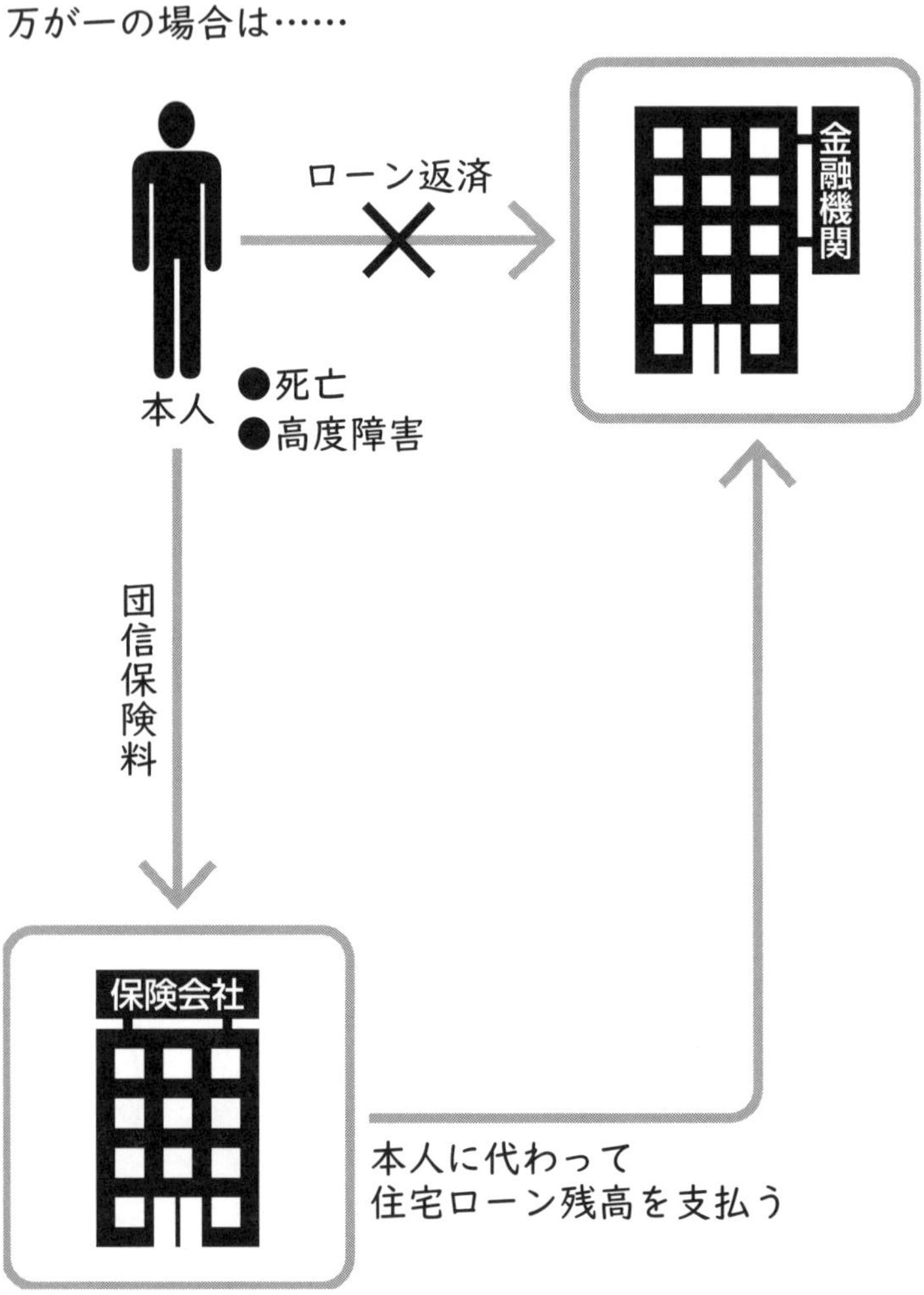

の返済ができなくなっても、残債が保険金と相殺されるため、残された家族が返済を迫られることはありません。不動産を売却して、売却益を手にすることもできますし、そのまま保有してずっと家賃収入を得ることもできます。

団信の保険料はローンの支払利息の中に含まれているため、別途保険料を支払う必要はありません。本人が亡くなったり障害を負ったりした際に、投資した金額を保証してくれるような投資商品が他にあるでしょうか？　ありませんよね。これも不動産投資ならではの利点です。

もちろん、団信は保険の1つですから、健康でなければ加入できませんし、持病を抱えている場合は告知義務があります。

また、金融機関によって保証される限度額が決まっており、金利が別途上乗せになるケースもあるため、加入時には注意しておく必要があります。

●節税対策にも不動産投資は効果的

不動産を保有している間に節税や相続税対策などの税金対策ができる点も、他の金融商品にはない不動産投資ならではの利点です。

相続税の場合、①土地建物　②土地　③現金の順に節税につながります（図表3）。

つまり、現金を相続して所有していると、そのまま課税され、税金として徴収されやすいのです。

土地に換算する場合、相続税路線価に基づいて計上されます。相続税路線価とは、相続税や贈与税の算出のために国税庁が示している、道路に面する宅地の1㎡あたりの評価額のことです。これは、現金と比べると7～8割ほどの評価に下がります。

建物の場合は、固定資産税評価で計上しますが、こちらも現金に比べて7～8割の評価になります。


ちなみに平成27年1月1日以降、相続税の控除額が減少し、次のように相続税の対象となる人が増加していることをご存知でしょうか？

〈相続税　控除額　改正前〉5000万円＋（1000万円×法定相続人の数）
〈相続税　控除額　改正後〉3000万円＋（600万円×法定相続人の数）

図表3｜資産の種類で変わる相続税評価額

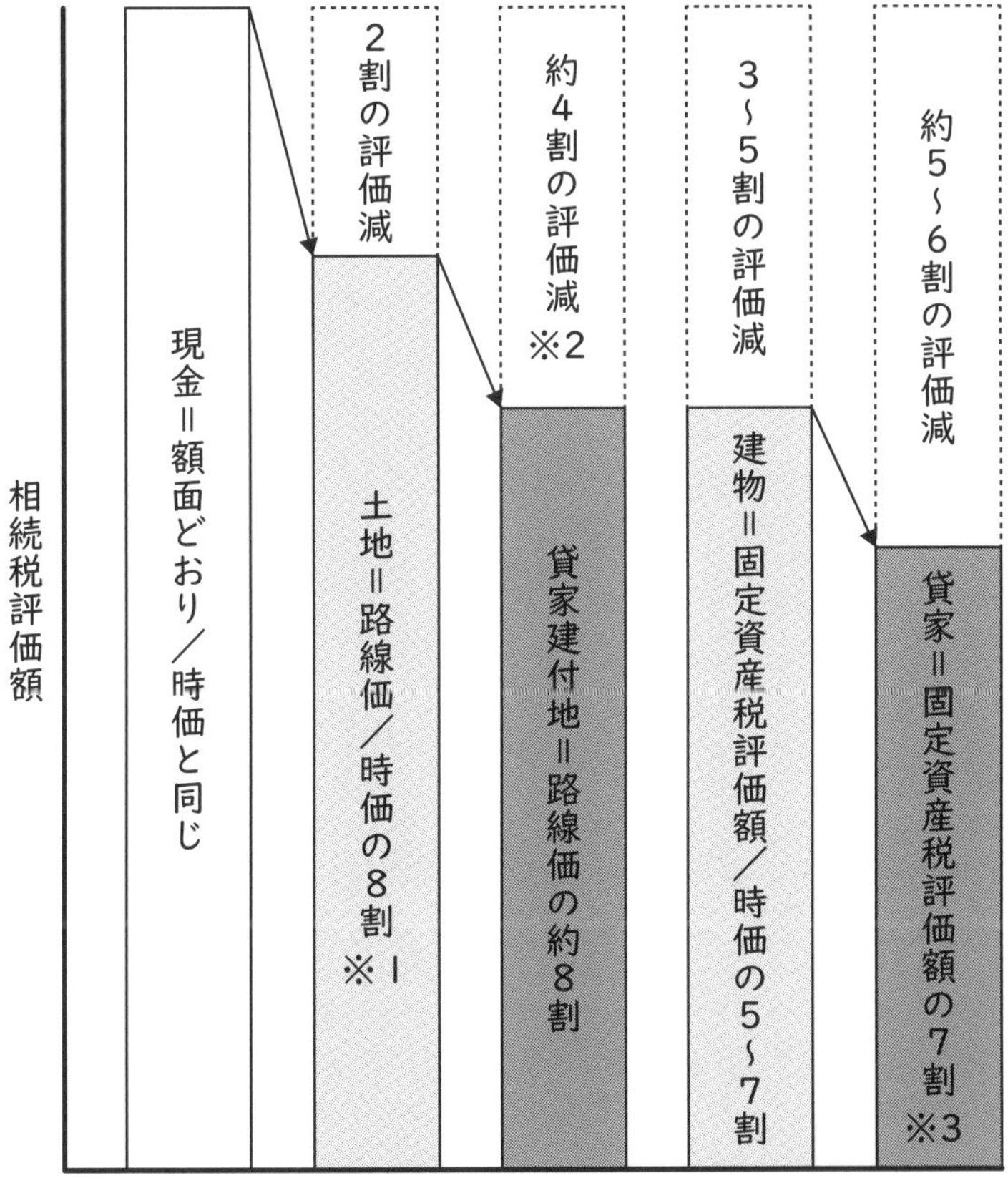

※１土地は、時価＝公示地価で、自用地評価

※２貸家建付地＝自用地評価額×（１－借地権割合×借家権割合）
（借地権割合：60〜70%程度、借家権割合：30%）

※３貸家＝家屋の固定資産税評価額×（１－借家権割合）

注）上記の貸家建付地と貸家は貸家割合100%とする

改正前は、相続人が配偶者と子ども2人の場合、5000万円＋（1000万円×3人）で8000万円まで不動産などの資産を持っていても控除の対象となりました。しかし、改正後は、3000万円＋（600万円×3人）で4800万円に控除額が減少されました。

東京で一戸建てを所有している人の多くは、4800万円相当の資産を保有している場合が多いため、相続税の対象となる可能性が高いでしょう。そのため、相続税対策はもはや他人事ではなく、事前の対策が必要です。そのためにも、借入をして不動産を所有することは、相続税評価を下げる1つの有効な方法となります。

●経費を使うことも、所得税を減税することも可能

サラリーマンの場合、飲食代など個人的な経費の計上ができません。しかし、不動産投資をやっていれば、たとえば物件視察を兼ねて家族で地方に行った場合の旅費を経費にすることができます。他にも、管理会社や不動産会社の営業マンなどと食事をした場合の食費を接待交際費として計上することもできます。

さらに、不動産所得が赤字になった場合でも、本業の給与所得からマイナスして計上で

きます。そうすることによって、給与所得の高い人ほど書類上の所得を減らせるため、所得税の節税へとつながります。

このように、不動産投資には、家賃収入だけではない多くのメリットがあるのです。

Point

- 不動産投資には、私設年金代わり、生命保険代わりになる。
- 不動産投資には、節税効果もあり、家賃収入以外のメリットも多い。

5 不動産投資のリスク

●リスクは恐れるのではなく、コントロールするもの

ここまでお伝えしてきたように、不動産投資にはメリットがたくさんありますが、その反面、リスクも当然ながらあります。ここではリスクについて解説していきましょう。

不動産投資におけるリスクは、正直なところ、たくさんあります。しかし、大事なことは、不用意にリスクを恐れたり不安に感じたりすることではなく、リスクについて理解した上で、しっかりとリスクをコントロールしていくことです。

●まず備えるべきは、空室リスク

不動産投資における最大のリスクは、何といっても**空室リスク**です。みなさんもご存じのように、我が国の人口は減少傾向にあり、空き家が社会問題になっているのが現状です。仮に1棟20室ある不動産を購入したとしても、空室だらけでは、返済計画が予定通りに行かなくなることがあるかもしれません。また、空室が増えれば、物件そのものの環境が悪くなり、退去が連鎖するなどマイナスの影響を及ぼすことにもなりかねません。

空室を減らすために、アクセントクロスを貼って部屋の見栄えをよくしたり、家電をつけたりなど、少額でできる対策はあります。

しかし、大前提として、そもそも空室に悩まなくてすむような賃貸ニーズのある物件を買うことが一番の空室対策になります。そのためには、物件を購入する前に、近隣の不動産仲介会社に足を運んで、市場調査を念入りに行うことが大切です。その際、次のような点に留意して、ヒアリングしてみましょう。

・購入を検討している物件がある街の空室率

・**最寄り駅の乗降者数（増加傾向か、減少傾向か）**
・**街の人口**
・**ライバル物件の入居率**
・**購入する物件の過去3年ぐらいの入退去率の推移**
など

さらに、地方や郊外で駅から距離があり、車での移動が中心になる場合、戸数に相当するだけの駐車場があるかどうかも見極めのポイントになります。こうした点に注意して、空室リスクを考えてから購入しましょう。

●家賃滞納のリスク

空室リスクの次に気をつけたいのが、**入居者の家賃滞納リスク**です。たとえ、入居者がいたとしても、全員が必ずきっちり毎月月末に家賃を払う確証はありません。

ここで注意したいのは、法律上は、アパートの所有者よりも、入居者サイドの権利が優先されることになっている点です。家賃を1カ月滞納したからといって、すぐに追い出すわけにはいかないのです。

アパートオーナーの中には、何カ月も何年も家賃を滞納され、裁判を起こしたケースも珍しくありません。本業が別にあるサラリーマン大家にとって、心理的にも大きな負担となることは言うまでもありません。

この家賃滞納リスクも、空室リスクと同じく、先手必勝です。入居審査の際に、入居者に家賃保証会社の**家賃保証制度**に加入させ、連帯保証人をつけるなどの対策が有効です。

家賃保証制度とは、入居者が家賃を滞納した際に、家賃保証会社が代わりに家賃を保証してくれる制度で、近年、急速に増えています。契約時に家賃の0・3カ月～1カ月分、もしくは数万円の一定額を家賃保証会社に入居者が支払う必要があります。

この制度が浸透した背景には、連帯保証人となる両親などが高齢化し、年金生活で保証人になれない、滞納したときに家賃を支払えないといった状況が増えてきたことがあります。ぜひこの制度を有効に活用して、滞納リスクに備えましょう。

●老朽化リスク

不動産は当然ながら、年を追うごとに老朽化が進み、劣化します。設備や建物の保守で支出がかさむ場合もあります。特にアパート1棟など大きな不動産を購入した際、ワンルームマンションのような管理費や修繕積立金などの徴収がない分、自分でリフォーム資金を貯めておかなくてはなりません。

屋上からの漏水やエレベーターの故障などは修繕に費用がかかり、大きな出費となる可能性があります。他にも、欠陥住宅や手抜き工事だったというリスクもあります。これはサラリーマン投資家がいくら慎重に物件をチェックしたとしても、なかなか見抜けるものではありません。

老朽化リスクに備えるためには、購入時に建築当時の資料を専門家にしっかりチェックしてもらうことや、大規模修繕工事がすでに終わっている物件を買うか、修繕が当分は必要ない築浅の物件を買うなどの対策が重要となります。

●火事や自然災害、事故のリスク

日本は地震大国ですから、地震をはじめとする自然災害によって建物がダメージを受けるリスクもあります。地震のほかにも、台風や火事などでアパートが損害を受ける可能性があります。

これらのリスクには保険で対応することができます。通常、不動産会社が提携している保険会社があるので、不動産会社から購入時に紹介を受けることが多いでしょう。もしくは、ローンを組む場合、金融機関が紹介する保険会社の中から検討します。いずれかに入るのが必須と考えていいでしょう。

なぜなら、ローンを借りる場合、金融機関は担保にした物件が火事などで損害を受けないよう、「**火災保険**」への加入を義務づけているのです。

火災保険ではカバーできる範囲が限られているため、実際には、総合的に補償が受けられる「**総合保険**」への加入が一般的です。総合保険は、火災、落雷、台風、集中豪雨、ガス漏れによる破裂、給排水設備の事故による水漏れなどの損害を補償します。地震に備えて「**地震保険**」に加入する場合は、火災保険のオプションで加入することになります。

また、昨今では、単身者世帯が増え、部屋の中で病気による孤独死や自殺、事故の可能性もあります。最近では、そのようなことがあった場合に備えた保険も登場しています。

●金利上昇リスク

次に、金利上昇のリスクについて解説しましょう。

長期でローンを組んでいる場合、変動金利を選択すると、金利が上がる可能性があります。金利が上がると、その分、返済額が上がるため、キャッシュフローが圧迫される恐れがあります。

金利上昇リスクに備えるならば、あらかじめ固定金利を選択するか、余裕ができたときに繰り上げ返済するなどして、返済を早めていくことも視野に入れるといいでしょう。

そうはいっても、金利は急激に上がるものではありません。変動金利の場合、返済額の変更は5年に一度で、**1・25倍ルール**というものがあります。これは「元の金利より1・25倍以上にまで金利を上げてはいけない」という決まりで、このルールが採用されているケースが多いのが実情です。

また、金利上昇の変化を見逃さずにすむように、毎日の経済ニュースをチェックしながら、変化に柔軟に対応していくことも大切です。

●流動性リスク

不動産は株やFXなどに比べて、流動性が低いという特徴があります。購入時には問題にならないのですが、問題となるのは売却時です。市場が低迷しているときに売却しようとすると、買い手がなかなかつかない可能性があります。

これは、不動産の大きなデメリットかもしれません。株はネットバンクなどで売却してすぐに換金できますが、不動産は買い手が見つからない限り、売却して現金化できるまでに、早くて2カ月、平均して4～5カ月ぐらいはかかります。高く売るつもりであれば、さらに時間がかかると思っていた方がいいでしょう。

大事なことは、売却をいつ、どの段階で考えるかといった「**出口戦略**」です。先々まで様々なケースをシミュレーションしていくことがリスクコントロールにつながります。

ここでは不動産投資の様々なリスクについてお伝えしました。どれも対応策があることをおわかりいただけたでしょう。先手を打つことでリスクを回避して、安定的に結果を出すことができるのも不動産投資ならではの特徴です。

Point

- 不動産投資には、チャンスだけでなく、リスクもある。
- しかし、すべて対応策があり、事前に回避することが可能である。

第 2 章

不動産投資のしくみはこうなっている

1 不動産投資で勝つポイント

●正しい知識を身につけて、買う物件を間違わなければ失敗しない

第2章では、不動産投資の基本的な流れ、ステップについてお伝えします。不動産投資のしくみについて理解を進めていきましょう。

不動産のしくみについてお伝えする前に、私が多くの成功者を見てきた経験からわかった不動産投資で勝つためのポイントについてお伝えしましょう。

とあるマネー本には、「不動産投資で成功するのは、参入者のわずか1%である」と書かれています。私の経験上、正しい知識を身につけて、買う物件さえ間違わなければ、それ

ほど失敗しないはずなのですが、どうにもその前に、道を間違えてしまう方が多いようなのです。

不動産投資をこれから始める人にとっては、最初の1棟がその後の道筋を決める大きな分かれ道となります。そうはいいつつも、数多くいるサラリーマン投資家の中で、成功を収めるには、1棟だけでは勝ち抜くことはできないのも事実です。

●不動産投資は分散投資でうまくいく

不動産投資は、複数棟を所有することで、スケールメリットが出てきます。スケールメリットとは、「**経営規模が大きくなれば、それだけ生産性や経済効率が上がる**」という意味です。これによって、アパート経営を安定させることができるのです。

1戸だけでは、何かトラブルがあったときに出費がかさむなど、リスク許容量が低くなります。つまり、複数棟を所有するからこそ、「分散投資」になるのです。

たとえば、50戸の部屋を所有していて2戸空くのと、5戸の部屋を所有していて2戸空くのでは当然ながらダメージの程度が違います。スケールメリットが大きい方が、ダメージが少ないのは言うまでもありません。

不動産投資も、株などの金融商品と同じく、1つのものを集中して買うのではなく、複数のものに分散して投資することで、安定させることができます。

リスクを分散させるには、次のような方法があります。

- **物件のエリアを分散させる**
- **ファミリー向け、単身者向け、ターゲット層の異なる物件を所有する**
- **1棟もの、区分、新築、中古など、タイプの違うものを組み合わせる**

このように、エリアやターゲット層、構造などが異なる不動産を組み合わせることで、リスク分散することができます。

たとえば、関西の物件で空室が多く発生しても、関東の物件でカバーできていたり、九州の物件が自然災害に遭ってダメージを受けていても、東北の物件で順調に入居が埋まっていれば、慌てずにすむのです。

●複数所有するためにはキャッシュフローを増やす

複数所有するといっても、初心者にとっては、買い進めるのがなかなか難しく感じられるものです。どうすれば良いかというと、1つは自己資金をしっかり貯めておくことです。実際のところ、サラリーマン投資家として成功している方でも、自己資金を1000万円以上持っている人は、ほとんどいません。ポイントとしては、貯めたお金は、使わないように極力抑えることです。

さらに自己資金をなるべく出さずに、融資を使って買う方法を知るべきです。複数棟持つために自己資金を抑え、しっかりとキャッシュフローを出すことが大事です。なぜなら、そこを金融機関がチェックして、次の融資を出すかどうかの検討材料にするためです。

たとえば、家賃収入が毎月50万円あっても、ローンの返済が毎月50万円であれば、次に欲しい物件があっても、アパート経営の能力があるとは評価されず、融資が下りず、次の物件を買うことができません。家賃収入が毎月50万円入ってくるなら、返済は毎月30万円にしておかないと、いつまで経っても現金は増えていきません。

したがって、「**キャッシュフローがよくなる物件を買う**」ことが資産を拡大するポイントになります。

信頼できる不動産会社から、いい物件を紹介してもらう

キャッシュフローがいい物件をいかにして見つけるか。これはサラリーマン投資家にとって、最大の課題と言えるでしょう。

最初に結論から述べると、いい物件を紹介してくれるのは、信頼できる不動産会社です。ただし、ふらりと会社帰りに賃貸業者や不動産会社に立ち寄っても、いい物件はなかなか見つからないでしょう。

サラリーマンを続けながら不動産投資で成功を目指すなら、サラリーマン投資家を成功に導くことを専門に行っている不動産会社に相談すべきです。

安定運営するために税金や管理費など諸費用を抑える

キャッシュフローの良い物件を購入して、利益が毎月出るようになったら、税金のこと

も把握し、管理していかなくてはなりません。税金を納めることは国民の義務ですが、払いすぎては次の物件へとコマを進める際のネックになりますので、税金を適正に抑えることがポイントになります。

もちろん、税金だけではなく、安定的に賃貸経営をしていくためには、管理会社が優秀でないと務まりません。不動産会社と同様に、信頼できる管理会社を選定して、よいパートナーシップを築いていきましょう。

●出口戦略を考えて物件を購入する

優秀な管理会社を見つけて関係を築いていくと、アパート経営は安定してきますが、安定してきたからといって、安心してはいけません。不動産投資の勝敗を最終的にジャッジできるのは、売却後です。

不動産は最終的に、いつか売却することになります。不動産投資における売却のことを「**出口**」といいます。「どのように売却するか」という出口戦略によって、最終的な利益が確定されます。キャッシュフローは十分に確保できたとしても、安く売ってしまったら、損を出すことにもなりかねません。

ここまでをまとめると、不動産投資で勝つポイントとは、まず、**できるだけたくさんの優良物件を見極めて買うこと**。次に、**キャッシュフローをしっかり出して、税金や諸費用を抑えて、安定運営すること**。そして、**いいタイミングで、高く売ること**です。

以上が、私が年間80億円にも及ぶ取引の中で実感したサラリーマン投資家の成功の共通点です。ぜひ、不動産投資の基本を学ぶ前に、頭に入れておきましょう。

Point

- **不動産投資は、正しい知識を身につけて、購入物件を誤らなければ必ず勝てる。**
- **キャッシュフローや融資をうまく使って、複数購入することがポイントである。**

2 本当に勝つためには、経営者（オーナー）マインドを持つことが必要

●購入後「ほったらかし」は甘い

不動産投資を成功させるにあたり、基本を学ぶ前にもう1つ、ぜひ覚えていただきたい重要なことがあります。それは「不動産投資によって、不労所得を得られる」という考え方ではなく、「**利益が上がったら上がったで、次の業務展開を考える**」など、経営者としてのマインドを持つことです。

不動産投資は、一度不動産を手に入れてしまえば、「オーナーはほとんど何もしなくてもいい」「ほったらかしで、家賃収入を得られる」といった業者のうたい文句に乗って、購入

後のことを安易に考える方が少なくありません。しかし、実際にはそれほど甘くはありません。

●経営者マインドは、満室経営に必要不可欠

空室が埋まらなければ、手を替え、品を替え、管理会社とどうつきあったらいいか、対策を練る必要があります。また、空室を1、2戸埋めるためにオーナー自ら管理会社に働きかけて、管理会社をコントロールしないといけません。

外から見て同じようなマンションが隣接していても、どのオーナーが、どの管理会社を使ってその物件を運用するかによって、不動産投資の収支が赤字になるか、黒字になるか、どちらの可能性もあるのです。

管理会社としっかり向き合ってつきあうことで、物件の価値を上げることが可能です。たとえ、駅から距離があって、老朽化が進み、空室が多い地方のアパートを安く手に入れたとしても、空室だらけになるとは限りません。

入居募集を行う管理会社がニーズを的確に汲み取り、入居者が集まりやすいリフォーム

を施していけば、いくらでも満室経営にできるチャンスがあるのです。

私が仲良くさせていただいている〝メガ大家〟と言われる投資家も、最初はみな、サラリーマン大家でした。コネも人脈も知識もないところから資産を拡大させています。その理由はサラリーマンで培った仕事やコミュニケーション、交渉術のノウハウを活かし、経営者マインドを発揮しているからだと感じています。

Point

- **不動産投資は、購入前よりも購入後こそが重要。**
- **経営者マインドを持って、物件を〝経営〟していこう。**

3 不動産投資のステップ

●まずは目標を立て、予算を決める

ここまで主に不動産投資で勝つための、私ならではの考えについてお伝えしてきました。そうした考えをベースにした上で、ここからは不動産投資の基本的なステップについて解説していきます。

不動産投資は物件を所有することがスタートになりますが、その前に、「**何のために不動産投資を行うのか**」、目的を明確にすることが重要です。目的やご自分の年収、年齢、今後のマネープランを考えて、不動産投資にかけられる予算を決めます。その次に、区分から始めるのか、１棟もののアパートから始めるのか、新築か中古か、エリアは都心か地方か、など、購入する物件の条件を決めます。

条件が決まってきたら、不動産会社を決めます。これは最も重要な要素となるでしょう。あなたの不動産投資のパートナーとなるわけですから、慎重に選んでいただきたいものです。

●いい物件が目についたら、いざ現地調査へ

不動産会社に相談に行き、あなたの属性に合ったいい物件が見つかったら、いよいよ現地調査に出かけましょう。

不動産の世界では、「**千三**《せんみ》**つ**」という言葉があります。これは「1000件の物件を見ても、購入すべき、いい物件はわずか3つしかない」という意味です。つまり、1000件ほどの物件を見て、ようやく購入すべき候補の物件が3つ見つかるというくらい、優良な不動産を目利きすることは難しいと言われています。

昨今では、インターネットで手軽に物件探しができるようになりました。みなさんもま

ずは1000件とは言わなくても、10件、20件、気になる物件の情報を取り寄せ、自分の目と足を使って現地調査をしてみましょう。

現地調査をしていくうちに、どんな物件が自分に合っているのか、わかるようになります。

●買い付け、融資申し込み、売買契約へ

現地調査を経て、いよいよ「これだ」と思える物件に出会えたら、不動産会社の営業マンとともに、第1章でお伝えしたリスクを踏まえて、様々な観点からシミュレーションをしていきましょう。

市場調査を綿密に行い、無理のない計画かどうかを吟味していきます。その上で購入を決意したら、購入申し込み（買い付け）を行い、金融機関にローンの申込みを行います。ローンの審査には通常2週間ほど要します。無事にローンの許可が下りたら、売買契約へとコマを進めます。その後は、融資を受けて決済となります。そして管理会社を決めます。空室があれば、管理会社と対策を練って、入居者募集を行います。

これが不動産投資の基本のステップです。アパート経営が安定して、次の物件購入の融

資を受ける目途が立ち、融資を受けられるだけの適した物件が見つかったら、また同じことを繰り返していき、物件を増やしていきます。基本はこの繰り返しです。

Point

- **不動産投資は、物件購入前に、まず自身の目標と予算を決める。**
- **その後に、買い付け、融資申し込み、売買契約に進む。**

4

知っておきたい指標

●指標は実地で覚えていく

次に、不動産投資の世界でよく使われる指標について理解していきましょう。最初は言葉の意味だけ覚えても、それが投資するに値する数値なのかどうか、なかなか判断できないかもしれません。

しかし、間取り図や物件情報を見て、現地調査をするうちにジャッジのスピードは自然と早くなるものです。それでは1つひとつ、順に解説しましょう。

●利回りには表面利回りと実質利回りがある

まず、よく耳にするのが「利回り」です。投資した元本に対する収入の割合を指しますが、利回りには次のような種類があります（図表４）。

①表面（グロス）利回り

最も一般的に使われる利回りです。これは購入価格に対する年間賃料の割合で、「表面利回り」「グロス利回り」と言われます。注意したいのは、これには購入時の諸費用や税金、管理費などが含まれていないことです。全体のスケールを見る大まかな目安になります。

不動産会社の広告に記載される利回りの多くは、この表面利回りになります。

②実質（ネット）利回り

実質利回りでは、物件の維持費を考慮して計算します。「ネット利回り」と言われることもあります。これは購入時の仲介手数料や印紙代、登録免許税、司法書士費用、不動産取得税なども含めて計算します。また、家賃収入は、年間の家賃収入から管理費や固定資産

図表4｜表面利回りと実質利回りの計算方法の違い

表面利回り（％）＝年間の家賃収入÷物件の取得価格×100

実質利回り（％）＝実際の家賃収入（※1）÷購入時の総支出（※2）×100

※1 実際の家賃収入＝年間の家賃収入－運営費（管理費＋固定資産税＋都市計画税＋火災保険料＋修繕費＋共用電気代＋清掃代など）
※2 購入時の総支出＝物件価格＋仲介手数料＋印紙代＋登録免許税＋司法書士費用＋不動産取得税など

税、都市計画税、火災保険料、修繕費、共用電気代、清掃代などの運営費を引いた金額で計算します。

物件の良し悪しを比較検討するには、この実質利回りで検討することがポイントです。

ちなみに、実質利回りの計算の際、どこまでを経費や運営費としてみなすか、不動産会社や情報サイトなどによって異なりますので、よく注意してチェックするようにしましょう。

③想定利回り

周辺の家賃相場で物件が満室になった前提で計算された不動産会社が提示するのが「想定利回り」です。想定通りにうまくいくのかどうか、近隣物件の入居状況などをよくチェックする必要があります。

利回りで注意したいのは、1棟ものの大型物件ともなると、エレベーターや共用部のメンテナンス費用がかさんで、表面利回りと実質利回りの差が大きく開くことです。これに対してワンルームマンションの場合、管理費や修繕費が明確であり、運営費に大きな差がないため、利回りの予測が立てやすいという特徴があります。

キャッシュフローの計算

キャッシュフローとは、収入から支出を引いて残ったお金の流れを意味します。特に不動産投資の場合、家賃収入から金融機関へのローンの返済額や税金を支払った後、手元に残るお金のことをいいます。キャッシュフローの計算は、次の手順で行います、

①税金＝課税所得（A）×税率

図表5｜所得税の速算表

課税される所得金額	税率	控除額
195万円以下	5%	0円
195万円を超え　330万円以下	10%	97,500円
330万円を超え　695万円以下	20%	427,500円
695万円を超え　900万円以下	23%	636,000円
900万円を超え　1,800万円以下	33%	1,536,000円
1,800万円を超え4,000万円以下	40%	2,796,000円
4,000万円超	45%	4,796,000円

（A）課税所得＝年間の家賃収入－（運営費〈管理費＋固定資産税＋都市計画＋火災保険料＋修繕費＋共用電気代＋清掃代など〉＋返済金利＋減価償却費）

②キャッシュフロー＝年間の家賃収入－運営費（管理費＋固定資産税＋都市計画＋火災保険料＋修繕費＋共用電気代＋清掃代など）－返済金（返済元金＋返済金利）－税金（所得税＋税金）

③所得税の税率は図表5の通りです。

たとえば「課税される所得金額」が700万円の場合には、求める税額は次のようになります。

700万円×0・23－63万6000円＝97万4000円

※平成25年から平成49年までの各年分の確定申告においては、所得税と復興特別所得税（原則としてその年分の基準所得税額の2・1％）を併せて申告・納付することになります。

●ROI

不動産投資の投資効率を上げるには、レバレッジ（てこの作用）を効かせることが重要です。その投資効率をどう判断するか？　指針となる数値がこれから解説するROIです。「Return On Investment（リターン・オン・インベストメント）」を省略して「ROI」（アール・オー・アイ）と呼ばれます。投資した自己資金に対する年間のキャッシュフローの割合を指します。

ROI＝年間キャッシュフロー÷最初に支払った自己資金×100

仮に、キャッシュフローが年間400万円だとします。最初に支払った自己資金が1000万円だと、

400万円÷1000万円×100＝40％

ＲＯＩは、40％です。
自己資金が半分の５００万円とすると、ＲＯＩは次のように倍になります。
４００万円÷５００万円×１００＝80％

つまり、自己資金が少なくなればなるほど、投資効率を示すＲＯＩは高くなるわけです。金融機関からの融資を利用して、レバレッジをかけることで、投資効率は良くなるということがＲＯＩからわかります。

●入居率、空室率の算出方法

入居率・空室率をより正確に理解するには、以下の計算方法を理解しておきましょう。なお、入居率は１００％から空室率を引いたものになるため、ここでは空室率の計算式を説明していきます。

①ある特定の時の空室率

空室率＝空室部屋数÷総戸数

一般的にはこの計算式が使われます。ただし、特定した時点に限られているため、時系列で見ていなければ、正確な空室率を見ることはできません。

②年間の稼働日に対する空室率

空室率＝（空室数×空室期間）÷（全体の室数×３６５日）

③年間の総賃料に対する空室率

空室率＝空室による未収入賃料÷年間総賃料

この総賃料に対する空室率を参考にすることがポイントです。

●減価償却と構造ごとの耐用年数

減価償却費とは不動産の建物に関連する経費に計上できます。
わかりやすく言うと「モノの劣化代」にあたります。モノには耐用年数があります。減価償却費を計算するために、税法によって、モノの耐用年数が決められていて、建物も構造ごとに耐用年数が決められています（図表６）。

税法では、この耐用年数に応じて償却率が決められています。たとえば、１億円の新築建物の減価償却費を構造別に計算してみましょう。

RC：１億円×償却率０・０２２（耐用年数47年）＝減価償却費２２０万円／年
重量鉄骨：１億円×償却率０・０３０（耐用年数34年）＝減価償却費３００万円／年
木造：１億円×償却率０・０４６（耐用年数22年）＝減価償却費４６０万円／年

図表6｜構造別法定耐用年数の比較

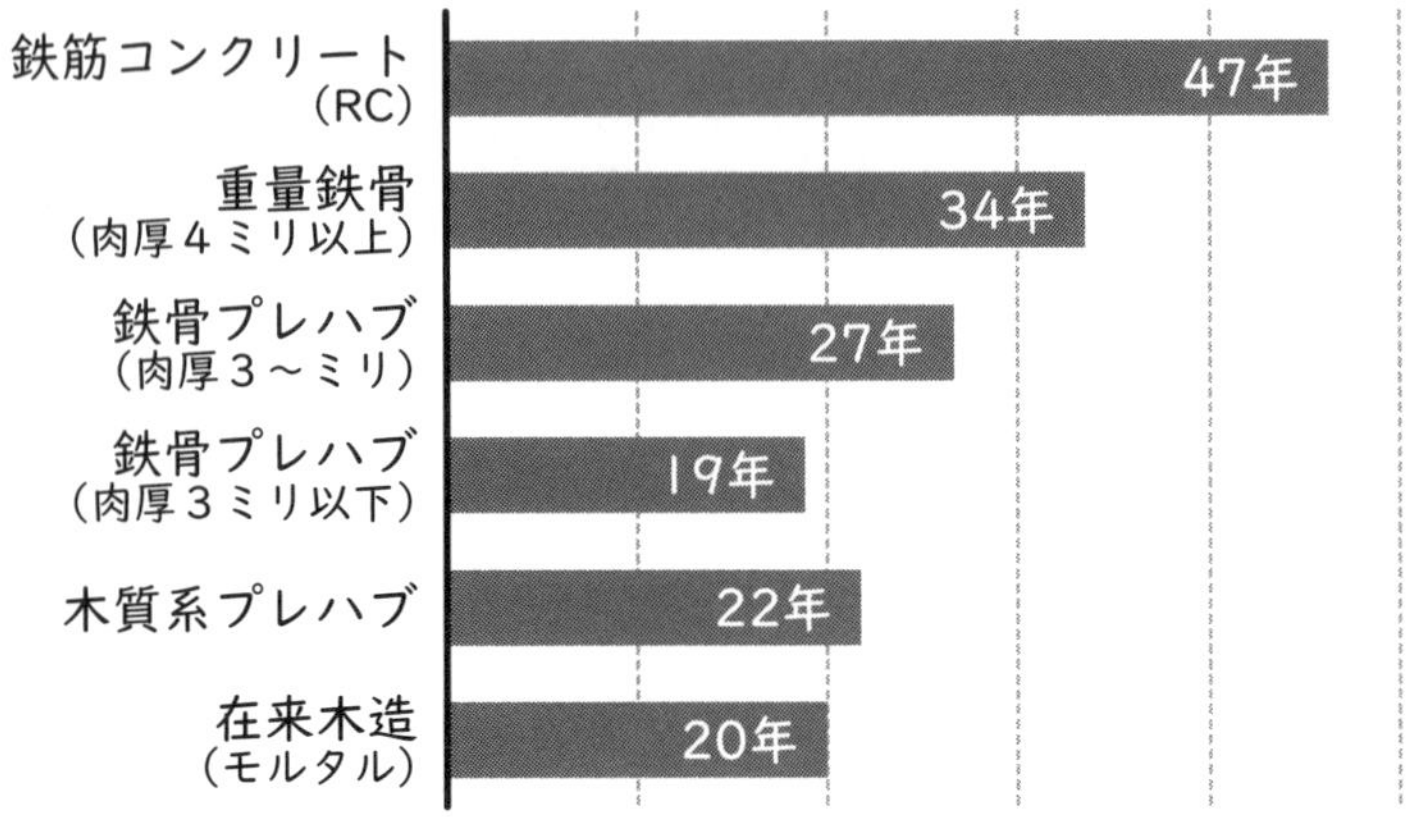

木造はＲＣの倍以上の減価償却費を1年間に計上できますが、気をつけたいのは計上できる期間です。ＲＣなら２２０万円の減価償却費を47年間計上できますが、木造なら４６０万円の減価償却費を22年間しか計上できません。

同じ1億円の建物でも、ＲＣは47年、重量鉄骨は34年、木造は22年間かけて経費化していくので、耐用年数が短い建物ほど、年間の減価償却費が多くなり、利益が減ります。とはいえ、その分、税金が減り、税引き後キャッシュフローは多くなることになります。

こうした数字のカラクリもしっかりと理解した上で、不動産投資を進めていきましょう。

Point

- 不動産投資には、各種利回りをはじめ、重要な指標がいくつかある。
- 指標は間取り図や物件情報などを見ながら覚えると効果的。

第　3　章

目標を設定する

1 目指すは、年間キャッシュフロー1000万円

●目標とするキャッシュフローを決める

不動産投資の基本的な流れがわかってきたところで、第3章では目標設定の具体的な方法についてお話しします。不動産投資で成功したサラリーマン投資家の方と日々接している中で私が感じたのは、結果に差をつけることになるのは目標設定だということです。目標がはっきりしている人ほど、成功のスピードが速いのです。

不動産投資を始めようとする人に目標を聞くと、「とりあえず、今の給料にプラス月100万円ぐらいあったらいいな」と答える方がたくさんいらっしゃいます。

ここで目標にするのは、「毎月、手元にどれくらいのお金が残るか」をキャッシュフローで考えるとイメージしやすいでしょう。キャッシュフローは、収入から支出を引いて残った金額で、家賃収入から金融機関へのローンの返済額や税金を支払った後、手元に残るお金のことをいいます。

月に１００万円のキャッシュフローを望むなら、まず自分が毎月のキャッシュフローを１００万円ほど見込める物件を買えるのかどうか、そもそも、それだけの融資を受けられる属性なのかどうか、少し考えてみましょう。

●１億円の物件で得られるキャッシュフローは年間２００万円

たとえば、年収１０００万円のサラリーマンであれば、５億円ぐらい融資を使って不動産を手に入れることができます。５億円ぐらいの物件が買えると、だいたいキャッシュフローは年間１０００万円ほど見込めます。しかし、これが1億円ぐらいの物件になると、キャッシュフローは年間２００万円ぐらいになります。

また、家賃収入１０００万円で、返済と管理費などの運営費で８００万円ぐらいの支出があるとします。税引前200万円ぐらいの収入があるとすると、我々の業界では「それなりにいい物件」だといわれています。このような投資用不動産が5棟あると、年間のキャッシュフローは200万円×5棟で1000万円になります。

だいたいこのような内訳で、年1000万円のキャッシュフローを目指す方が多いのが現状です。

キャッシュフロー以外の目的にも応じて

不動産投資をする目的は、何もキャッシュフローだけに限りません。人によっては、年金対策を目的に不動産投資を始める人もいるでしょう。その場合、老後、何歳ぐらいから毎月いくら確保できればいいかを考えて、次にどんな資金計画で進めるのが効果的なのか考えてみるといいでしょう。

他にも、結婚して子どもがいる方などは、生命保険の代わりのような感覚で、家族への万が一のときの備えに、不動産投資を考える方もいます。それが目的ならば、万が一と言っても、自分がどんな状態になったら、家族にいくら必要になるのか、今の保険ではどれくらい足りないのか、団体信用生命保険が適用されたらどうなるのかを中心に考えてみるといいでしょう。

Point

- **不動産投資は、年間のキャッシュフローが1000万円になることを目指す。**
- **ただし、自身の目的に合わせることも可能である。**

2

自己資金が少ない方が、実は投資効率がいい

●ローンを組んだほうがレバレッジを発揮できる

目標設定に伴って、気になるのが自己資金です。目標を早く達成するには、日頃からコツコツと節約をして、少しでも自己資金を多く貯めておいたほうがいいのでは、と初心者の方ほど真面目に考えているのではないでしょうか。

実際のところ、不動産投資ではそれほど多くの自己資金は必要ではありません。自己資金があったとしても、後で修繕などが発生した場合に備えて、手元に残しておいた方がむしろ得策です。

たとえば、1億円の物件を買うとします。諸費用を含め、物件の購入金額のほかに必要となる初期費用は500万円ほどです。諸費用の中には、登記費用や税金、火災保険料、仲介手数料などが含まれます。

実は、その諸費用500万円もすべてローンで支払うことができます。そうなると、みなさんは1円も払うことなく、キャッシュフローが生まれる状態を作ることができるのです。

とはいえ、これは極端な例です。できればある程度はお金を貯めておいて、物件購入時の諸費用や頭金に使えるといいでしょう。

● 投資効率上も融資を受けた方がいい

また、投資効率を考えると、自己資金に頼らずに融資を受けることで、レバレッジ効果が生まれ、投資効率が向上します。

第2章で解説したROIについて、自己資金の観点から見てみても、自己資金が半分になれば、投資効率は2倍になることがおわかりいただけたでしょう。

投資効率を上げるには、やはり融資を受け、レバレッジ効果を最大限活用することが重要となります。

Point

- **不動産投資においては、自己資金はそれほど多く用意する必要はない。**
- **ローンを組んで少ない自己資金でレバレッジを効かせたほうが効率いい。**

3 不動産投資に向いている人、向いていない人

●性格が投資に影響を与える

目標を立てたら、次は目標達成に向けて、どんどん行動に移していきましょう。その過程で、不動産投資を行う人の性格がプラスに働くこともあれば、マイナスに働くこともあります。

ここでは、どんな性格が不動産投資に向いているのか、また向いていないのかについてお話ししていきましょう。

●完璧主義な人は向いていない

不動産投資において、完璧な物件など、まずありません。完璧を求めていては、そもそもスタートできないのです。

不動産投資の世界では、最初の1棟の購入が最も難しいとよく言われます。勉強すればするほど、買えない罠に陥ってしまうのです。最初はある程度、任せられる人に任せる方がいいでしょう。

●「餅は餅屋」に任せられる人が強い

逆に不動産投資に向いている人がいます。いい不動産会社を見つけることができる人です。そして、信頼できる不動産会社から学び、任せられることです。やはり、「餅は餅屋に」任せられる人が強いのです。

また、判断や行動が早く、素直な人、学ぶ姿勢のある人はやはり成功する人が多い印象があります。

なぜ、そうした性格の人が成功しやすいかというと、不動産会社の営業マンは、レスポンスが早く、素直で、学ぶ姿勢のある人にいい物件情報が来たら教えてあげようと思うからです。その結果、そうした性格の人には、不動産会社から情報が入りやすくなるのです。

不動産投資は、いわば〝情報戦〟です。いい情報を獲得するには、いい情報を持っている不動産会社から提案をもらわないといけません。

たとえば、年収が３０００万円あるからといって、どの不動産会社もその人に、いい物件情報を提案するかといえばそうではありません。その人がちゃんとしている人なのか、社会性があるか、上から目線でないか、学ぶ意欲が高いか、素直で決断力があるかなど、マインドを見て、不動産会社は情報提供をするかどうかを判断します。

つまり、不動産会社と良好なパートナーシップを組める人が望ましいのです。このように不動産会社と二人三脚でできる人が不動産投資に向いている人です。

●不動産会社に物件探しを依頼する際のコツ

物件探しをお願いするとき、どのようにリクエストを伝えるかで、不動産会社の親密度が変わってきます。漠然と「利回りが高い物件が欲しい」などと言うのではなく、なるべく具体的に伝えることです。そして、あなた自身の人生の目標やビジョンがあると、より応援したくなるものです。

Point

- 不動産投資に向いているのは、行動が速く、向上心が高い人である。
- そのような人には不動産会社からいい情報が入ってくる。

4 自分の人生設計を考える

●曖昧な目標ではなく、明確な人生設計を考える

何のために不動産をやるのか？　その答えは、後々、不動産投資を長く続ける上で、とても重要な指針になってくるでしょう。「将来のお金のことが心配だからなんとなく」「周りが始めているから」という甘い気持ちでもスタートしようと思えば、スタートできてしまうのですが、長く続けていくためには、目標だけではなく、もっと先の人生設計も明確になっていた方がいいでしょう。

不動産会社を経営する立場から言うと、ただ「いい物件が欲しい」と言われても、「な

ぜ？」と疑問に思うときがあります。何のために不動産投資をやるのか。

極論を言えば、お金を増やすのに、不動産投資でなくてもいいわけです。それでもなお不動産投資をやる人は、「稼ぎたい」「資産を作りたい」「資産を守りたい」と答えが明確です。明確であればあるほど、ちょっとしたトラブルがあっても、最初は思うように進まなくても、あきらめず目標を達成できると思うのです。

●不動産投資で生活レベルを変えることが可能

不動産投資を行うと、生活レベルをがらりと変えることができます。たとえば、40代で年収が800万円ぐらいあって、子どもが2人いる4人家族を例に挙げましょう。

子ども2人が私立の大学や高校に通っているとなると、お財布事情は非常に苦しいのが実情です。そこで不動産投資を行うことで、年間でプラス300万～500万円入ってくるとします。これは人生設計を考える具体的な策となりますし、日々の生活レベルが変わってきます。

20代で年収600万～800万円ぐらいの収入があり、これを年収2000万～300

０万円に増やしたいというモチベーションの方もいます。その方が、今よりプラス３００万〜５００万円の収入が入ってきたらどうでしょう？　お金の使い方が変わってくるはずです。

どんな人生を歩んでいきたいのか。そのためには、今よりいくらぐらい手取り年収を増やしたいのか。これが明確であればあるほど、不動産投資を行っていく中で、大きなエネルギーや指針となり、あなたを支えてくれることでしょう。

Point

- **不動産投資を行うことで、生活レベルを変えることができる。**
- **そのためには明確な人生設計を考えることが必要である。**

第 4 章

利益の出る物件の選択と購入の方法

1

自分に見合った不動産会社の見極め方

●不動産投資の成功は、いい不動産会社との出会いにかかっている

第4章では最初の1棟を購入する際に、「いかにして利益の出る物件を手に入れるか」、物件選択の方法と購入方法について解説していきます。

いい物件との出会いは、いい不動産会社との出会いにかかっていると言っても過言ではありません。投資物件の内見や、勉強のためにセミナーなどに足を運ぶうちに、いろんなタイプの営業マンと知り合うことでしょう。その中で、信頼でき、相性が合う人を見つけることがいい物件と出会う近道となります。不動産投資の成功のカギはここに集約され

ます。

投資用物件を専門に紹介する不動産会社の場合、お客様に対して、その人の属性、年齢、投資の目的などに応じて、「あなただったらこういうやり方があります。このような物件を持つと、いいですよ」と提案します。これを我々の業界では「**アレンジメント**」と呼びます。

「不動産投資は初めてです。いい物件を買いたいです」と言っても、なかなか取引には至らず悩んでいる人が多いものです。

「あなただったら、この銀行が使えて、このエリアの物件を買える」「うちはその物件を出す力と銀行のネットワークがあるから買えます」と提案できる会社を選ぶべきです。それがアレンジメント力です。

●偏った情報しか出さなかったり強引な営業をする営業マンに注意！

さらに、次の点で頼りになる不動産会社なのかどうかを慎重に見極めましょう。

・出口戦略まで考えた提案をしているか？

・資料の準備は整っているか？
・トラブル対応などリスクまでサポートしてくれるか？
・担当者の知識は十分か？　宅建などの資格を有しているか？
・自分の投資スタイル、投資の目的に応えられるか？

あなたの希望をじっくり聞いて親身に物件探しをしてくれる、そんな営業マンを探しましょう。

逆に、避けた方がいいのは、紹介した物件のいいところしか言わない営業マンや、数人で囲いこんで、「この日までに契約しないと、物件が流れてしまう」などと契約を急がせる営業マンです。

いくつか物件を内見して、セミナーに参加するうちに、営業マンとの出会いも増えていくでしょうから、その中で、目利きができるようになるでしょう。

また、セミナーや勉強会などに参加するうちに、志を同じくする投資仲間ができることでしょう。その仲間がどこから収益物件を購入しているのか、聞いてみるのもいい不動産会社を見つけるきっかけになるでしょう。

気心が知れている知り合いなら、担当者を紹介してもらうのもいいでしょう。

Point

- 不動産投資の成功は、いい不動産会社との出会いにかかっている。
- そのためには、自分の目利き力を高めることが必要である。

2 自分の属性に見合った物件の見分け方

●物件探しより、融資をしてくれる金融機関を見つけること

信頼できる不動産会社を見つけたら、次は自分の属性に見合った物件を手に入れるよう行動に移していきましょう。

不動産投資は銀行からお金を借りて成り立つビジネスであり、銀行からお金を借りるからこそ、買える物件が変わってきます。

そのため、ご自分がまず「どこの銀行で融資を組めるのか?」を知り、また、その銀行からの融資を受けるということは、その銀行が融資をしてくれる物件を見つけないといけ

ません。

たとえば、東京に住んでいる人が、山形出身だからといって、山形の物件を買えるかといった場合、その物件購入に都内の金融機関が融資をしてくれるとは限りません。不動産投資では「まず物件ありき」で考える方が多いのですが、その前に融資をしてくれる金融機関を見つけることが大切です。

逆に言うと、物件を購入する際に、たとえばみずほ銀行に対して、「北海道のある物件を買いたい」と言ったとき、「旭川にはみずほ銀行の支店があるので、東京の方が買いたいときに査定ができるから旭川の物件は買えます」という流れになることがあります。意外と知られていないのですが、こうした事実があるわけです。

● 属性に応じた買い方のポイント

属性で大事なのは、ズバリ年収です。年収700万円の人が10億円の物件を買えるかというと、年収だけを見た時点で、融資することができないと金融機関にジャッジされてしまいます。

「じゃあ3億円の物件だったら買えますか？」

「いや、ちょっと厳しいですね」

「じゃあ5000万円のアパートだったら買えますか？」

「それなら買えますよ」


このようなやりとりを経て、最終的に自分の属性に見合った物件となるわけです。

ですから、自分の年収や預貯金に見合った物件の価格帯を選定しなければいけません。自分の年収や使える預貯金に見合った価格帯、それが5000万円なのか1億円なのかは、サラリーマン投資家専門の不動産会社に相談に行けば、すでに多くのサラリーマン投資家のサポートをしている経験上、的確なアドバイスをもらうことができます。

Point

- **物件探しの前に、自分に融資をしてくれる金融機関を探すことも重要。**
- **属性、特に年収に見合った物件を選ぶことである。**

3 良い物件の条件

●良い物件とは、「相場より安い」物件

良い物件の条件についてよく聞かれます。私が考える良い物件とは、やはりシンプルな発想ですが、「**相場よりも安い物件**」です。安く手に入れることができれば、その後の出口戦略も含めて、うまくいくケースが多いからです。

では、「相場よりも安い物件」とは何かというと、何かしらの事情で安く売らざるを得ない物件です。

健全な人がオーナーであれば、安く売る理由はありません。安く売るということは、「安

く売らないといけない」理由があるのです。

● 安く買える理由

それはどのようなものかというと、前述したように、不良債権などが理由で税務署か誰かに差し押さえがついてしまっている物件や、競売になってしまっている物件です。

もう一つは相続です。売主の売却理由に「相続」という言葉が出てくると、安く手に入れられることが多いのです。なぜかというと、相続の場合、だいたい高齢の方が物件を持っていて、その物件に対して借金がないケースが多いからです。

80〜90歳ぐらいの両親から子どもたちに相続をする前に、売るケースが多いのですが、これは不動産を巡って子どもたちの間でトラブルになるよりも、不動産を売却して、余生の小遣いと、生前贈与で子どもたちに現金で渡してしまい、綺麗に処理したいという考えからです。

このような理由で、オーナーは、高く売ることよりも、売却を早く終わらせたいと考えるようなのです。「最低でもいくらで売りたい」というような条件がないため、買い手にとっては安く買えることが多いというわけです。

さらに安く手に入るのは、オーナー本人が亡くなった後の相続の場合です。実際に相続が起こったときの方が、相対的に安く購入できます。

なぜかというと、相続が発生したら、相続税がかかります。税金を納めるお金がないと、不動産を相続した子どもたちは、相続税の費用を捻出するために相続した物件を売らないといけません。売り急ぐため、結果、買う側は安く手に入れることができるのです。

●安く買えるチャンスを見つける

競売と相続に共通しているのは、早く現金化したいという点です。結果として、安く手に入り、高く売ることができるため、私は結果として「良い物件」だと考えるのです。良いかどうかという点では「良い」と表現しにくいのですが、安く買うことで、利益を出すことができることは確かです。

次に買いたい人が安く買えるわけではないため、ここで挙げたような事情があるとチャンスがあるわけです。

こうしたケースもぜひ頭に入れて、安く不動産を手に入れるチャンスを見計らってみてください。

Point

- 良い物件とは「相場より安い」物件のことである。
- 競売や相続などで売りに出される物件は、安く買える可能性が高い。

4 物件の探し方（インターネット、不動産会社）

● インターネットと個別相談

物件の探し方の手法には大きく分けて2つあります。1つはインターネットで検索する方法です。もう1つは、不動産会社のセミナーや個別相談に行き、物件を紹介してもらう方法です。不動産会社には賃貸専門の仲介業者もあれば、一般の住宅を販売している会社もあります。

収益物件を買う目的であれば、収益物件を扱っている会社を探しましょう。収益物件の情報が多く掲載されているサイトは次の通りです。

・健美家（けんびや）https://www.kenbiya.com/
・楽待（らくまち）https://www.rakumachi.jp/
・不動産投資☆連合隊　http://www.rals.co.jp/invest/

このほかに、大手の財閥系の不動産会社のサイトも物件情報が多く、相続案件も多いため、合わせてチェックしてみるといいでしょう。

・住友不動産販売　https://www.stepon.co.jp/
・東急リバブル　http://www.livable.co.jp/
・野村不動産アーバンネット　https://www.nomura-un.co.jp/
・三菱ＵＦＪ不動産販売　https://www.sumai1.com/

まずはどんな物件がどのエリアにあるのか。相場観を知る意味で、インターネットを使って勉強しましょう。

次に、収益物件を紹介してくれる不動産会社が主催するセミナーに参加してみましょう。

健美家や楽待など収益物件専門のポータルサイトでは、不動産投資をテーマにしたセミナー情報が掲載されています。

それらのサイトから、興味があるものに参加していき、知識とともに不動産会社のネットワークを広げていきましょう。

Point

- **物件探しは、インターネットと不動産会社への直接訪問の2つがある。**
- **インターネット情報は充実しているので相場観などを養うのに最適である。**

5

物件概要書の読み方

●物件概要書に必要な情報は網羅されている

インターネットやセミナーで収益物件の情報に触れると、「物件概要書」を見ることになります。物件概要書には、物件やその物件が立地する土地に関するさまざまな事項が記載されています（図表7）。

物件概要書には、主に物件名、住所、価格、利回り、戸数、地積、延床面積などが記載されています。写真や間取り図はついていませんので、それらの資料が見たいときは別途資料を請求すると良いでしょう。もちろん、その場所に足を運ぶことが可能であれば、自

図表７｜物件概要書の例

<table>
<tr><td colspan="2">取引形態</td><td>売主、仲介、代理等</td></tr>
<tr><td colspan="2">価格</td><td>○○○万円（税込みor税抜き）</td></tr>
<tr><td colspan="2">利回り</td><td>満室想定10％、現況利回り８％</td></tr>
<tr><td rowspan="7">土地</td><td>所在地</td><td></td></tr>
<tr><td>土地面積</td><td>○○○㎡（公募／実測）接道　北４メートル</td></tr>
<tr><td>地目</td><td>宅地、畑等</td></tr>
<tr><td>区域区分</td><td>市街化区域、非線引き区域等</td></tr>
<tr><td>用途地域</td><td>第１種住居、商業、準工業等</td></tr>
<tr><td>建ぺい</td><td>○○％</td></tr>
<tr><td>容積率</td><td>○○○％</td></tr>
<tr><td rowspan="5">建物</td><td>種類</td><td>共同住宅、寮等</td></tr>
<tr><td>構造</td><td>鉄筋コンクリート造、木造、重量鉄骨造等</td></tr>
<tr><td>建築年</td><td>平成○○年○○月新築</td></tr>
<tr><td>延床面積</td><td>○○○㎡</td></tr>
<tr><td>間取り</td><td>１K　○○戸　等</td></tr>
<tr><td colspan="2">その他</td><td>20m高度地区、緑化地域等</td></tr>
<tr><td colspan="2">設備</td><td>○○電力、水道（公営）、ガス（都市ガス）、
汚水（公共下水）</td></tr>
<tr><td colspan="2">交通</td><td>地下鉄○○線　○○駅　徒歩５分等</td></tr>
<tr><td colspan="2">引渡し</td><td>相談</td></tr>
<tr><td colspan="2">備考</td><td>滞納あり、告知事項あり等</td></tr>
</table>

分で目で確認することがベストです。

物件概要書を見ると、物件の特徴についておおまかに理解することができます。買うべき物件なのかどうかを判断する目利き力を養うためにも、数多くの物件概要書に目を通すことをおすすめします。

●まずは価格が適正か

物件概要書の見るべき最初のポイントは、物件の価格です。相場に比べて、高くないか、安すぎないかを見ます。それぞれ高い場合も、安い場合も何か理由があるわけですから、気になったら問い合わせてみましょう。

●表面利回りではなく、実質利回りで検討する

次にチェックしたいのが利回りについてです。表面利回りで表記されていることが多いのですが、実質利回りで計算をしたら、思ったよりも利回りが低いということがあります。

表面利回りで表記されていた場合、実質利回りを計算してから検討してみましょう。

● 築年数と構造から、融資期間を考える

続けて建物の構造と築年数を見ます。融資を受けることを考えると、基本的にローンの借入期間は耐用年数に応じて行われるため、物件概要書においても、築年数は耐用年数と合わせて考える必要があります。

さらに耐用年数は建物の構造に関連するため、合わせて構造もチェックします。

建物の耐用年数は、鉄筋コンクリート造47年、鉄骨造34年、木造22年です。

たとえば、鉄筋コンクリート造で築31年の場合、ローンの借入期間は47－31年＝16年以内になります。

● 容積率、道路付け、耐震性など

容積率や道路付け、耐震性などの表示についてもチェックしましょう。なぜなら、容積

率をオーバーしている物件や耐震性が悪い物件など建築基準法に違反している場合、融資を受けることが難しくなるからです。

Point

- 物件概要書を見れば、その物件のことはほぼ理解することができる。
- 価格、利回り、築年数、容積率、耐震性などを特にチェックしよう。

6 都心か地方か（資産性VS収益性）

●都心、地方、それぞれに特徴がある

ここからは購入する物件について、よくみなさんが悩まれる「都心か地方か」「新築か中古か」といった疑問について解説していきます。

まずは、収益物件を持つなら、都心か地方か、それぞれの特徴についてお話ししましょう。

●都心の物件は、資産性は高いが、物件価格が高く、利回りが低い

結論から言うと、都心の物件であれば、収益性は低く、利回りも低いのが特徴です。その割に、相対的に価格は高めとなります。

メリットとして、都心は立地が良いため、物件価格が落ちにくいことです。もちろん、年数が経てば物件価格は落ちますが、一般的には資産価値は落ちにくいと言われており、資産性が高いと考えられます。

一方、デメリットとしては、利回りが低いため、収益が生まれにくいことです。都心の物件は高いため、比較的お金持ちの資産家が買う傾向にあります。

●地方の物件は安くて収益性が高いが、空室対策や出口戦略が肝になる

一方、地方の物件を買うメリットは何かというと、収益性が高く、利回りが高いことです。また、価格が低いため、購入しやすく、参入障壁が低くなります。

「キャッシュフローはしっかり確保したい」「利回りが高く、収益性の高い物件がほしい」

図表８｜新築物件の家賃下落イメージ

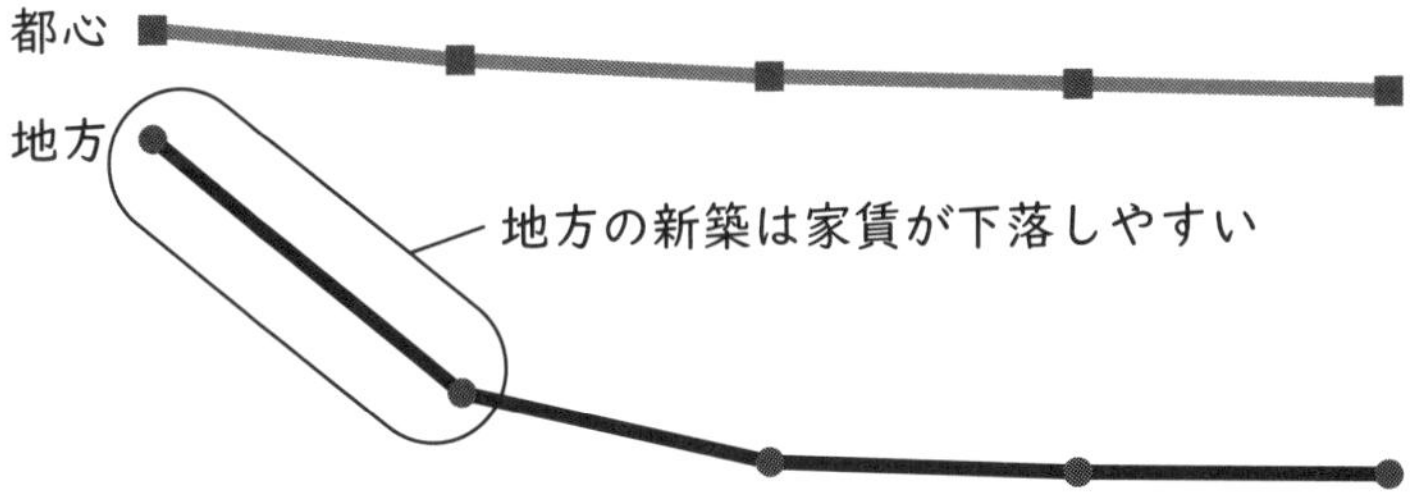

という人に、地方の物件は向いているでしょう。

一方、デメリットとしては、地方の物件ですから、長期間保有する際に、需要が少なく、特に新築は価格が落ちやすい点が挙げられます(図表８)。出口戦略をよく考えてから購入することが大切です。また、エリアによっては空室リスクが高いケースがあります。人口が減少していく地域なのかどうか、統計資料をよく見てから買う必要があります。

また、地方であれば、それぞれの地域の管理会社に管理を任せるため、自分の目が届きにくいというデメリットもあります。

都心と地方、それぞれにメリットとデメリ

ットがあるため、どちらがいいかは、一概には言えません。ご自分の投資スタイルに合わせて検討していただくのがいいでしょう。もし、売却時のキャピタルゲインをしっかり確保したいと考えるなら、都心の物件の方が安全かもしれません。

しかし、投資を始めて間もなく、これからキャッシュフローや実績を積み上げたいと考えるならば、地方の物件でキャッシュフローを積み、収益をしっかり上げる方法もいいでしょう。

Point

- **都心の物件、地方の物件、ともにメリットとデメリットがある。**
- **選択にあたっては、自分の投資スタイルと合致させることが大切である。**

7 新築か中古か

●新築は修繕の手間がないが、家賃が落ちやすい

次は新築と中古、それぞれの特徴を見ていきましょう。

まず、新築の大きな特徴として、購入してから10年ぐらいはほとんど修繕費がかからないという点が挙げられます。これは最大のメリットです。しかし、家賃が落ちやすいというデメリットもあります。

たとえば、新築のワンルームを家賃8万円で貸し出したとします。入居者が一度退去したら「新築」と表記できないことから、同じ家賃ではなかなか入居者がつかず、家賃が7

万円になったというケースがあります。

また、デメリットとして、新築のため、購入価格が割高なことから利回りが低い点が挙げられます。

●中古の場合は家賃が安定しているが、修繕費が予測できないことも

中古の場合、新築よりも利回りは高く、収益性は高いと言えます。それは物件価格が新築に比べ割安になっていることと、家賃が安定しているためです。

築20年ぐらいになると、家賃の変動はそれほどなく、安定性があります。また、これまでの賃貸経営の中で蓄積されてきたデータを活かすことで、入居者のタイプや推移などがわかるため、投資する側も見通しができるというメリットもあります。

たとえば、これまでの空室率を元に、これからの空室率を予測することもできるでしょうし、入居者の入れ替わりのタイミングはいつが多いのかによって、先手を打つこともできるでしょう。

ただ、築年数が経っていればいるほど、いつ、どれだけの修繕が必要になるのかを予測

しにくいものです。古くなりすぎると、融資の審査が厳しくなるというデメリットもあります。なんとか現金を組み合わせて買うことができたとしても、売るときに買い手が見つからず、出口戦略が難しくなるケースがあるため、注意したいものです。

新築か中古か、どちらがいいかは、投資スタイルと自分のリスク許容量によっても異なってくるでしょう。

最近の傾向として、新築を買うよりも、中古物件を割安で手に入れて、賢くリフォームやリノベーションをして収益を上げる方法が好まれる風潮にあるようです。キャピタルゲインよりも、キャッシュフローを求めるサラリーマン投資家が多いことも影響しているかもしれません。

Point

- **新築の物件は、修繕費がかからないが、家賃の下落が激しい。**
- **中古の物件は、修繕費が予測しにくいが、家賃は安定している。**

8

1棟買いか区分所有か

●攻めの1棟買い、守りの区分所有

次は1棟買いか区分所有か、それぞれの特徴について解説していきます。

投資用物件を扱う不動産会社の立場として、お客様の傾向を見ていると、1棟買いは、収益を生んで稼ぎたい人に向いています。

区分所有とは、1棟のうちの1戸を所有するという意味です。区分所有はどちらかというと、攻めというよりも守りの資産運用です。なぜなら、区分所有は1棟に比べたら規模が10分の1ぐらいとなり、資産拡大のペースが遅いからです。そのため、収益も生まれにくいわけです。

入ってくる家賃と出る返済がほとんど変わらないので、収益は生まれにくいのですが、将来的には残るものは残るため、老後の収入や安定を求める人に向いています。

不動産投資によって、ライフスタイルそのものを変えていきたいのであれば、やはり1棟買いを目指すのがいいでしょう。

自己資金は、1棟買いでも区分所有でも変わらない

ライフスタイルを変えるなら、または稼ぎたいなら1棟買いがいいと言っても、「ハードルが高い」「お金を用意できるのか」と不安に思う人もいるでしょう。

しかし、地方の1棟ものであれば、都心の区分1室と同等の価格で売られているケースもあります。さらに言えば、自己資金はさほど変わらず、購入に至る場合が多いものです。

なぜかと言えば、融資を利用できるからです。

●1室だけのメリットとデメリット

区分所有の場合、土地がついていないことで、金融機関の評価が厳しくなります。とはいえ、所有している部屋は1室だけですから、空室対策と言っても入居者を1人見つければいいため、空室リスクの心配はさほどありません、管理の手間もそれほどありません。しかし、1戸が空室になれば収入はゼロになります。1棟であれば、部屋数が多いため、仮に20戸あるうちの1戸が空いても、ほかの部屋が埋まっていれば、収入がゼロになることはないため、さほど慌てずにすみます。

ここでポイントとなるのが、そもそもの投資の目的です。区分所有で目標達成できるならいいのですが、そうでなければ、目標に到達できるだけの部屋数なり、1棟ものを目指すべきでしょう。

Point

- 区分所有は低リスクで守りの投資に向いているが、大きくは稼げない。
- 目標が高ければ、1棟所有を目指すべきである。

9

ワンルームかファミリータイプか

●ワンルームは空室のダメージが少ない

続いて、ワンルームかファミリータイプかという疑問について考えてみましょう。

地方の物件の場合、ファミリー向けのアパートの家賃が6万円だったら、ワンルームでだいたい3万円など、半額になるケースが多いものです。

逆に言えば、ワンルームばかり20戸入る1棟ものの賃貸物件なら、1部屋空室になっても、3万円家賃が落ちるだけなので痛手は少ないと言えます。

ファミリータイプの場合、ワンルームに比べて広さが必要なので、1棟に10戸あるとして、１部屋空室になるとすると、６万円も家賃が落ちることになります。つまり、一部屋あたりのダメージが大きくなります。

●入居期間はファミリー層の方が長い

もう１つ、ワンルームとファミリータイプの賃貸の決定的な違いがあります。それは平均的な入居期間です。

ワンルームの場合、平均的な入居期間は４〜５年といった感じです。

一方、ファミリータイプの物件に入居する層は、新婚もしくは小さな子供のいる家族が中心です。地域によっても差はありますが、子供が中学校や高校に入学するタイミングでマイホームを購入して引っ越していくというパターンが多いです。

たとえば、子供が小学１年生から中学３年生になるまで入居した場合は９年間入居することになります。長ければ10年以上のこともありますが、平均的な入居期間は６〜７年程度です。いずれにせよ、ワンルームよりも入居期間が長くなる傾向にあります。

大学が近くにあるワンルームの場合、入学と卒業のタイミングで、入居者の入れ替えがあり、そのたびに室内のクリーニングや入退去の手続きが発生することになります。
それぞれこのような特徴があることを、事前に知っておきましょう。

Point

- **ワンルームは空室のダメージが少ない反面、入居期間は短くなる傾向が強い。**
- **どちらかにするかは、物件の立地も含めて考えるべきである。**

10 現地調査をして物件の現状を把握する

● 必ず自分の目で現地調査をする

不動産サイトで見つけた物件や不動産会社から紹介された物件については、必ず自分で現地に行って、その物件の詳細を確認することが大切です。

ここでは現地調査の注意点やポイントについて解説していきます。

● 周辺環境をチェックする

まずチェックするべきポイントは**物件の周辺環境**です。

単身者向けの収益物件ならば、入居者がよく使うであろうコンビニやスーパーが近くにあるかどうかを確認します。コンビニについては、物件から徒歩数分以内にあると便利です。スーパーは、価格帯や品揃えの充実さに加え、夜まで営業している店があるかどうかも重要なポイントです。最近では24時間営業している便利なスーパーもあるので、物件からの位置関係を把握するようにしましょう。

さらに、ファーストフード店やクリーニング店など、日々の生活に密着した施設があるかどうかもチェックしておくといいでしょう。

ファミリータイプの収益物件なら、保育園、幼稚園、学校、公共性の高い施設があるかどうかも確認します。

生活に密着した施設などに加えて、忘れずに確認しておきたいのが、公共交通機関へのアクセスです。物件情報に記載されている最寄り駅への距離感を自分で歩いてみて確認するようにしましょう。歩くときには、道路の交通量や歩道の歩きやすさ、さらに人通りの多さや街灯の有無など、治安の面もしっかりとチェックしておきましょう。

最寄り駅まで徒歩圏内でない場合は、バスや自転車の移動になります。バスを利用するなら、バスの運行本数、通勤時間帯に道路が混雑しやすいかどうかなどをしっかりと確認しておきましょう。自転車なら、駅周辺の駐輪場の有無なども調べておくと安心です。

● 現地の状況を確認する

次に確認したいのが現地の状況です。土地の形状が整形地か不整形地であるかなどを確認します。土地の形状を確認することは、土地自体の利用価値を判断するための重要な要素となりますし、土地の価値を低くする要素はないかをチェックする上でも大切です。

また敷地と道路の関係性についてもチェックすることが必要です。まず確認したいのが、敷地が道路に２ｍ以上接しているかどうかという点です。敷地が道路に２ｍ以上接していない場合は建築基準法により、建て替えができないことになっています。

さらに、敷地に面している道路の幅も重要です。もし幅が４ｍ未満であれば、将来建て替えをする場合、敷地の一部を道路にする「**セットバック**」が必要になる場合があります。

セットバックとは敷地前面の道路の中心線から2ｍの範囲には建物が建てられないことで、その場合は建築可能な敷地自体が狭くなるので注意が必要です。

建物の状態もよくチェックしていきましょう。外観のひび割れやタイルが外れたり、浮き上がったりしていないかどうか、目視で確認します。また壁を触ってみて、手に粉がついたりしないか確認します。

これを一般的に**チョーキング現象**といいますが、この現象がないかどうかチェックします。もしも、塗装がはがれているなどして、外壁の改修工事が必要になった場合、足組みを組むスペースがあるかどうか、隣地との空間が十分かどうか確認します。

ほかにも、浄化槽やエレベーター、自転車置き場、火災報知器などがきちんとメンテナンスされているかどうか、修繕状態を確認します。

もちろん、専門家でなければ詳しいメンテナンス状態はわかりませんが、見ていくうちに管理や修繕の状態が把握できるようになるでしょう。

●建ぺい率、容積率はどれくらいか

建ぺい率とは、敷地面積に対する建築面積の割合のことです。たとえば、建ぺい率60％と指定された地域にある100㎡の敷地には、建築面積が60㎡までの建物を建築できます。

容積率とは、敷地面積に対する延床面積の割合です。たとえば容積率100％と指定された100㎡の敷地には、1階60㎡、2階40㎡、合計100㎡の建物が建築可能となります。

建ぺい率、容積率とも、その限度は都市計画によって定められていますが、いくつかの緩和規定が設けられ、建物の形状や立地条件などによって変わります。

敷地のどのくらいの割合で建物が建てられるのか、また延べ床面積はどのくらいなのかを事前に知っておきましょう。

Point

- **物件は現地調査を行い、物件そのものや周辺環境を確認することが必須である。**
- **都市計画なども事前に調べておこう。**

11 物件の購入手続きの流れについて

●まずは「購入申込書」を提出

購入したい物件が見つかったら、いよいよ購入に向けて具体的に動くことになります。購入の申し込みをして売買契約を結ぶことになりますが、ここでは物件を購入する際の手順について解説していきます。

購入しようと思う物件が決まったら、まずは販売元の不動産会社に「**購入申込書**」を提出し、購入の申し込みをします。

「購入申し込み」は契約ではありません。単に「買いたい」という意思を表明するものであり、その意思表明に基づいて売主と買主が細かな条件を話し合い、合意できれば正式に売買契約を結ぶことになります。

●次に金融機関と契約する

申し込みの後の流れを１つの例を挙げて説明していきましょう。

まず、融資が受けられるかどうか、金融機関の事前審査を受けることになります。事前審査で金融機関からの融資の目途が立ったら、いよいよ契約へと進んでいきます。

契約時には購入物件に関する重要事項の説明を受け、その内容を確認して納得できたら、売り主と売買契約を結びます。この際に手付金も支払うことになるので、重要事項と同様に契約の内容もしっかりと確認するようにしましょう。

その後、金融機関の本審査を受け、審査に通ったら金融機関と「**金銭消費貸借契約**」を結ぶことになります。金銭消費貸借契約とは、金融機関から資金を借りる契約のことです。この契約を結ぶことで、融資の実行が可能になります。

続いて、火災保険やローン事務手数料など物件購入時に必要な諸費用を支払います。最後に融資の実行と所有権保存（移転）登記の手続きを行います。

Point

- 物件の購入は、「購入申込書」提出からスタートする。
- 次に売買契約と金銭消費貸借の2つの契約を交わす

12 重要事項説明書のチェックポイント

●重要事項説明とは

物件購入後のトラブルを避けるために大切になるのが、購入時の「**重要事項説明**」です。重要事項説明とは、不動産会社が買主に対して、物件や取引条件に関する重要事項が書かれた重要事項説明書や売買契約書を元に口頭で説明することです。これは宅地建物取引業法で定められており、宅地建物取引主任者（宅地建物取引士）が「**重要事項説明書**」に記名押印し、その書面を交付し、説明します。

重要事項説明を受け、物件の購入を検討する中で聞いていた内容と異なる説明があったときや、自分が気になることがあれば、その場でしっかりと確認することが大切です。重要事項の説明を受けても購入を見送ることもできますので、時間に余裕を持ったスケジュールを設定するようにしましょう。

●主なチェックポイントは2つ

重要事項説明書には主に「**対象物件に関する事項**」と「**取引条件に関する事項**」の2つについて明記されています。「物件に関する事項」では物件の所在や面積や法律上の規定などが説明されていますので、不動産会社から事前に説明を受けていた内容かどうかをしっかり確認します。「取引条件に関する事項」では、お金に関する事項が書かれています。ローンの内容などについて相違がないかどうかを確認しましょう。

●万一のときのためにチェックすべき項目

さらに、万が一のときに備えて確認しておきたいことに、「**瑕疵《かし》担保責任**」というものがあります。不動産売買において瑕疵とは、「**不動産に何らかの欠陥がある**」という意味です。「瑕疵担保責任」とは売買契約を結び購入した不動産に、購入した時点では明らかになっていない隠れた瑕疵があった場合、売り主が買い主に対して負う契約解除や損害賠償などの責任のことをいいます。

不動産会社などの宅建業者が売主となる場合は、法律上、一定期間の瑕疵担保責任を負う義務がありますが、個人間の取引で対象物件が古い場合などでは、瑕疵担保責任は負わないケースもあります。

瑕疵をめぐるトラブルを回避するためにもよく確認しておきたい項目です。

●契約解除の際の事項もしっかり確認を

当事者間のいずれかが債務不履行となった場合は契約を解除することができます。契約を解除する際の注意事項も事前に確認しておきましょう。

一般的に契約違反によって解除した場合、物件価格の20％まで違約金が設定されることが多いようです。また契約解除は、契約の相手方が「履行の着手」を行なった時点からはできなくなるため注意が必要です。

Point

- 重要事項説明は、法律で定められている手続きである。
- 瑕疵担保責任や契約解除に関する事項も必ず確認する。

13 購入時に必要となる諸費用について

●必要となる登記費用は3つ

物件を購入するときには、物件の代金以外にも様々な費用が必要になってきます。ここでは、物件購入時に、どういった費用が必要になるのかを説明します。

まず必要となるのが、登記に関する費用です。登記には次のようなものがあります。

建物を新しく建てた場合に床面積や構造など、その建物がどのようなものなのかを明らかにするために行う「**建物表題登記**」、購入した所有者（持ち主）が誰なのかを示すための「**所有権保存（または移転）登記**」、建物を担保として融資を受ける場合の「**抵当権設定登記」があります。融資を使って購入する場合は、抵当権設定登記があるため、現金で購入する場合よりも費用がかかります。

さらに登記の手続きをする場合は司法書士へ依頼することになります。この際には司法書士への報酬が別途かかりますので登記の費用として忘れずに覚えておきましょう。

●融資の際に必要なローン事務手数料

次に必要となるのがローン事務手数料です。ローン事務手数料とは、金融機関からローンの借り入れをするときに支払う手数料です。

金融機関によって異なりますが、手数料は、借入金額に関わらず支払う金額が一定の「定額型」と借入金額と年数に応じて手数料を支払う「定率型」の2種類があります。

定額型は支払額が一定ですが、定率型は借入金額が大きくなればなるほど、手数料の金額も大きくなります。金融機関によって支払う金額に差があるので、事前に確認しておきましょう。

●火災保険の加入は必須

マイホームを購入する場合と同様に、投資用物件のオーナーになる場合も、万が一に備えて保険に加入しておく必要があります。

また現在では投資用ローンを組む場合、どの金融機関でも火災保険の加入が必須条件になっています。

保険料はローン年数や補償内容により異なります。物件購入時に、火災保険の契約書類とともに、保険料を支払うことを覚えておきましょう。

●その他の費用

そのほかに必要になる費用として、金融機関とローンの借入契約時にかかる印紙代や所有権が移転した日からオーナーに支払い義務が生じる固定資産税、都市計画税などがあります。

これらの費用がかかることも、あらかじめ覚えておきましょう。

Point

・その他、物件購入時にかかる費用としては、登記費用、
・金融機関のローン事務手数料、火災保険料などがある。

第 5 章

銀行融資の活用方法

1

お金がなければ物件は買えない
融資に関する基礎知識をしっかり理解する

● 不動産投資で成功するために融資の知識は必要不可欠

不動産投資を成功に導くためには、金融機関からの融資が必要不可欠です。融資を多く引き出すことができれば、レバレッジ効果を高めることができます。つまり、少ない自己資金で時間をかけずに事業を拡大させることができるわけです。

第5章では、「金融機関がどのように融資の審査を行っているのか?」「融資にはどのような種類があるのか?」「金利や期間、自己資金によってどの金融機関を使うべきか?」、さらに「融資審査をパスする方法」から「金融機関とのつきあい方」について解説します。

●不動産投資で使える融資は2種類

まず、不動産投資で使える融資の種類について見ていきましょう。融資の種類は大きく分けて、次の2つがあります。

①アパートローン

アパートやマンションを購入するためのローンで、サラリーマンなど、不動産賃貸業を本業にしていない人が対象になります。

「不動産投資ローン」「アパートマンションローン」などの名称で呼ばれ、融資金額、融資期間、金利、保証人の有無などの条件は金融機関により異なります。しかし、審査の条件が数値で明確化されているため、条件を満たせば比較的スムーズに融資を受けることができます。

不動産賃貸業を行っていくための経営能力があるかどうかなどは、あまり問われませんが、その代わり、個人の属性が重視されます。属性とは、勤務先や勤続年数などで、安定した収入を得られる職種かどうかが重要になります。

②プロパーローン

一方、プロパーローンは、借り手の経営能力や経営実績が見られるため、サラリーマン投資家として実績がついた頃に検討すべきローンです。会社経営者や所有する不動産の規模が大きくなったときに活用するのがいいでしょう。

プロパーローンでは、物件評価や個人の属性、金融資産から総合的に審査されます。先ほどのアパートローンよりも、審査が厳しい傾向にあります。

●アパートローンとプロパーローンの違い

アパートローンとプロパーローンの違いについて説明していきましょう。

アパートローンでは築年数の古い法定耐用年数を超える物件に対しても融資がおりる場合がありますが、プロパーローンの場合、物件そのものも厳しく評価されます。

また融資額にも大きな差があります。アパートローンでは、団体信用生命保険の適用範囲内で融資額の上限が決められていることが多い傾向にありますが、プロパーローンは物件によって審査されるため、融資の上限はありません。

経営手腕を発揮してさらに上を目指すなら、上限が決まっているアパートローンよりプロパーローンの方が、融通が利くという利点があります。

●金融機関の審査の方法

次に、金融機関がどのように物件の審査を行い、融資額を決めるのかについて解説しましょう。審査の方法の1つは、「**積算評価**」と言われる方法で、その物件に担保としての価値がどのくらいあるのかを次の計算式で算出します。

積算評価＝土地（路線価×土地面積）＋建物（建物面積×標準建築単価×〈法定耐用年数－築年数〉）

この計算式では、まず土地の価値を、路線価を使って算出します。路線価は、毎年7月、国税庁が発表しています。建物の価値は再調達価格で算出します。これは建物の面積に標準建築単価をかけて建築費を出し、さらに法定耐用年数から経過年数を引いた残存年数を

図表9｜建築工法ごとの法定耐用年数と標準建築単価

鉄筋コンクリート造(SRC造)	47年	25万6,000円
鉄筋コンクリート造(RC造)	47年	20万3,800円
鉄骨造(S造)	34年	16万4,300円
木造(W造)	25年	15万9,900円(居住用22年)

※標準建築単価は国税庁ホームページ参照

掛け算することで計算できます。工法ごとに異なる法定耐用年数と標準建築単価は図表9を参照してください。

積算評価のほかに、**収益還元評価**が使われることもあります。これは、その不動産が将来的にどれくらいの収益を生み出すかを計算する方法で、次の計算式で算出します。

収益還元評価＝（年間賃料－管理費）÷還元利回り

この計算式で用いられる年間賃料は満室になったときの想定ではなく、現在の入居率から算出します。金融機関でも賃料の相場を把握しており、実際の賃料と相場の安い方を用います。さらにそこから空室リスクや将来どこまで家賃が下落するかを想定して、今の家賃の7〜8割の評価を出します。

管理費がわからない場合は、家賃の15%をかけた金額で計算しますが、実際の金額と異なり、不利になるケースもあるため、あらかじめ不動産業者に確認しましょう。

還元利回りは、類似の取引事例や公表されている市場のデータから金融機関が算出します。

そのほかに、比較事例法による評価があります。これは投資用のアパートよりも一般の住宅に用いられます。近隣の成約事例などから算出します。

このように金融機関は物件の価値を評価して、どのくらい融資するかを判断しています。

Point

- **不動産投資で使えるローンは「アパートローン」「プロパーローン」の2つ。**
- **物件の評価は、それぞれ金融機関で審査方法が異なるので、注意が必要である。**

2

金利・期間・自己資金で、どの金融機関を使うかが決まる

●メガバンクでは自己資金は必要

実際に融資を受ける際には、金利、期間、自己資金がどれくらいあるかによってどの金融機関を使うのが適切かを検討していきましょう。

弊社の場合、お客さまの投資スタイルや属性などをよくヒアリングして、お客さまごとにどんな融資のプランがいいのか、提案をしています。

たとえば、メガバンクで融資を受けるとすると、金利は1%台など低いのですが、融資期間は20年と短い傾向にあります。なおかつ、自己資金として2000万円は入れないと

いけないなど条件が厳しいのが実情です。自己資金が十分にある場合、このような融資を組むこともできるでしょう。

同じ1億円の物件を買おうとしても、メガバンクで金利1％で組める人もいれば、組めない人もいます。では、メガバンクで組めない人はどんな買い方をするかというと、金利3・5～4％のローンを組むことになります。金利は高くても、期間が35年などと長く引けるメリットがあります。かつ自己資金がなくても、1億円満額で融資を出してくれるケースもあります。

●同じ1億円の物件でも返済額が大きく変わってくる

次に示すように、具体的な数字を挙げて解説しましょう。

〈例〉1億円のアパートを購入する場合（元利均等方式）

・金融機関Aで融資を組む場合：金利2％、期間20年、自己資金2000万円

借入金額8000万円　毎月の返済額　40万4706円

・金融機関Bで融資を組む場合：金利3・5%、期間35年、自己資金0円

借入済額1億円　毎月の返済額　41万3290円

金融機関Aで融資を受けた場合、自己資金を2000万円用意しているため、金利は低く、返済期間が20年と、早く返済することができます。返済が早く終われば、自然とキャッシュフローはよくなります。

しかし、自己資金2000万円を用意できる方は限られています。そうなると、金融機関Bで融資を組むようなケースが多くなります。金融機関Bで融資を受ける場合、自己資金が0円でも、1億円の融資を受けることができるのが最大の魅力です。さらに、期間を35年と長く設定できます。毎月の支払い額を見ると、金融機関AとBでは、ほとんど変わりません。

このように、同じ1億円の物件を購入するにしても、買い方や戦略によって、毎月の支払い額や返済期間が大きく変わってくることがおわかりいただけたでしょうか。

そのため、どのような「戦略」で、どのような「結果」を求めるのかが、融資を組む上でも重要になります。

Point

- 金利、期間、自己資金の額によって、選択すべき金融機関は変わってくる。
- どの金融機関を使うかは、必ず専門家と相談して決めるべきである。

3

投資における金利の考え方、「イールドギャップ」を理解しよう

●イールドギャップとは

次に金利について考えていきましょう。不動産投資において理解しておきたい言葉に「**イールドギャップ**」というものがあります。これは利回りから長期金利を引いた数値を指します。次の2つを比較しながら解説していきましょう。

〈例〉

物件A　鉄筋コンクリート　利回り6％　金利2％

物件Ｂ　木造　　　　　　　　利回り10％　金利４％

金利だけで見ると、物件Ａのほうが、条件がいいように感じます。しかし、イールドギャップで比較してみましょう

物件Ａ　６－２＝４％
物件Ｂ　10－４＝６％

イールドギャップは物件Ｂの方が高くなります。そうなると銀行は物件Ｂのほうがリスクは少ないと判断するため、物件Ｂのほうが融資を受けやすくなります。実際のところ、鉄筋コンクリートのアパートよりも木造のアパートのほうが収益性が高く、サラリーマン投資家に好まれています。

このように不動産投資を行う上では、利回りや金利だけで判断するのではなく、イールドギャップを高めていくことが大切になります。利回りや金利と同じく、イールドギャップについても合わせて検討していきましょう。

● 変動金利と固定金利

ここで改めて、ローンの基本である金利についてご説明します。金利には**変動金利**と**固定金利**の2種類があります。

固定金利の場合、全期間、金利は一律です。中には1年固定、3年固定、10年固定など固定年数を選ぶことのできるケースもあります。固定年数が長いほど、金利が高い傾向にあります。

投資用ローンの場合、変動金利型が多いのが実情ですが、変動金利の場合、金利上昇リスクがあります。通常、変動金利の場合、半年に一度、金利の見直しがされますが、急な金利上昇に備えて、もとの金利から1・25倍以上高い金利にせず、5年間は金利を一定にするというルールがあります。

たとえば、ローンの条件に「1・25倍ルールなし、返済額5年据置なし」と書かれている場合、このルールを適用しないということです。つまり、金利上昇によって返済額が増える可能性があります。

●繰り上げ返済も検討する

金利の上昇リスクに備えるためには、繰り上げ返済が有効です。

繰り上げ返済とは、ローンの利用者が、毎月の返済額とは別にまとまったお金を金融機関に返済することです。

繰り上げ返済分は、借入れ元本の返済にあてられるため、元本にかかるはずの利息が大幅に減ります。そのため、返済総額が少なくなるメリットがあります。

●元利均等方式と元金均等方式の違い

返済方法には**元利均等方式**と**元金均等方式**の2つがあります。

一般的に使われる元利均等方式は、毎月の返済額が一定になる返済方法です。

元金均等方式は、毎月の返済額の「元金」が一定となる方法で、当初の返済額が一番多く、将来の返済額は減っていきます。

こうしたローンの基本も頭に入れておきましょう。

Point

・イールドギャップは、投資利回りから長期金利を引いた数値である。
・変動金利と固定金利、元利均等方式と元金均等方式の違いを知ろう。

4 属性ごとに個人審査をパスするには

●金融機関が注目するのは「借りるのはどんな人なのか」

不動産投資をする場合、金融機関から借り入れるローンは大きな金額になる場合がほとんどなので、お金を貸す側の金融機関にもリスクが生じます。

万一、返済が滞ると大きな損失を被ることになりかねないので、「きちんと返してくれるのか」「万一返済できなくなっても回収できるか」などといった点を審査することになります。

金融機関は人にお金を貸すことをビジネスにしているわけですから、融資をしなければ利益を出すことができません。そこでポイントになるのが「**借りる人がどんな人なのか**」という部分です。

この「どんな人なのか」という点が、不動産投資ローンにおける「属性」のことです。金融機関は短期間でその人に不動産投資ローンを融資するかどうかを決めなければならないため、借りる人の生い立ちや性格などを、時間をかけて調べるわけにはいきません。そこで、その人の「属性」を知ることで、「不動産投資ローンを組むことができるか」「いくらまでなら融資が可能か」を判断しています。つまり、不動産投資ローンにおいて属性とは、ローン審査に多大な影響を与える重要な要素なのです。

個人の属性評価でまず重要になるのが**年収**です。年収が高い人であれば不動産経営がうまくいかなくても自分の収入から返済する能力がある人と判断されます。

年収は金融機関によりますが、過去3年間の収入を見られることが多くなっていますので、源泉徴収票や確定申告書、納税証明などの年収を証明する書類を提出することになります。

年収の次にポイントとなるのが、**職業およびその役職**です。

会社員の場合、公務員や一部上場企業など大きな組織に入っている人の方が安定していて、給与水準も高いということで、属性はよくなります。また弁護士や医師なども収入面や安定性が高いため、金融機関からの評価が高い職業だと言えます。さらに勤続年数は長いほど高評価になります。一方で転職回数が多い人や転職したばかりの人は、融資が受けづらくなることがありますので、注意が必要です。

●物件がよくても買えないことがある

このように個人の属性評価では、「収入は多いのか」「ローンを返すことができるか」「人間的に信用できるか」などを総合的に判断して、金融機関の大事なお金を貸して問題ないかを評価します。

物件の評価がどんなに高くてもお金を借りる人の属性が悪ければ融資の審査は通りにくくなります。逆にいえば、属性評価が高い方は多額のお金を借りることができます。

さらに住宅ローンがない土地や自宅などの資産を持っている人には、それを担保にして金融機関がお金を貸すことがありますので、その場合は金融機関に相談してみるのもいいでしょう。

職業などはそうそう変えられませんが、不動産投資を始めるのであれば、いまできることを実行するようにしましょう。

Point

- 実際に融資を受ける人がどんな人なのかもローン審査では重要。
- 年収、職業及びその役職が属性のポイント。

5 金融機関を紹介してもらうには

●取引のある不動産会社からの紹介がおすすめ

金融機関からの融資を受けて、不動産投資を始めようとする場合、融資をしてくれる担当者との信頼関係の構築が必要になります。

しかし、融資を受けるために銀行などの金融機関に一人で交渉に行ったとしても、相手にしてもらえるとは限りません。担当者が不在のときもあるでしょうし、話し合いの席を設けてくれても、その場で融資が可能になることは難しいのが現状です。

そこでおすすめしたいのが、担当者と親交がある投資家や不動産会社からの紹介です。特に有効なのが、不動産会社からの紹介です。普段から取引をしている不動産会社からの紹介であれば、金融機関も話を聞かないわけにはいかないでしょう。

さらに経験豊富な不動産会社であれば、どうすれば担当者が金融機関内で稟議を通してくれるのかなど、その金融機関の方針を踏まえた提案をすることができます。

●不動産会社の経験をうまく活用する

たとえば、同じ内容の融資の案件であっても、優秀な担当者であれば、その金融機関内でしっかり稟議を通し、融資が可能になるのに対して、別の担当者では稟議が通らないということもあります。常日頃からその金融機関と取引をしている不動産会社であれば、どの担当者が優秀であるかを熟知しているので、融資を通すという面で大きなサポートをしてくれることになります。

また、投資用ローンに関しては金融機関が不動産会社と提携して販売しているローンも数多くあります。

融資の条件が揃っていれば、不動産会社が率先して、手続きなども進めてくれる場合もあるので、初めて不動産投資をする人にとっては非常に心強い存在となります。

金融機関からの融資を受けようとするには、一人では大変です。不動産会社と提携している金融機関が販売しているローンをうまく活用していきましょう。

Point

- **ローンを組む金融機関に相談に行くときは、不動産会社からの紹介が効果的。**
- **投資用ローンで金融機関と提携している不動産会社もある。**

6

金融機関との上手なつきあい方

●「信用」がすべて

金融機関との上手なつきあい方はまず大前提として、自分はお金を貸していただいている側だという認識を持つことが大切です。その立ち位置をわきまえ、返済を遅延しないのは当然のことです。

金融機関は何よりも「**信用**」を大事にします。金融機関の融資担当者には誠実に対応することも重要です。「信用」を得るために常に誠心誠意の態度で接するようにしましょう。

また、取引している銀行に自分の預金を預けたりとすると、次の追加融資の話が、前向きに進んだりすることがあります。

この協力によって、次の融資につながるかもしれませんので、預金協力は銀行と良好な関係を築くための手段として、覚えておいた方がよいでしょう。

Point

- **金融機関が第一に重んじるのは「信用」。返済遅延は論外。**
- **預金協力などしておくと、追加融資につながる可能性がある。**

第 6 章

物件を運営管理する

1

管理業務と管理会社

● 賃貸管理と建物管理の違い

本章では、物件購入後に非常に重要となる「物件の管理運営」について説明していきます。

物件を保有すると、まず「管理」に関する業務が必要になります。業務の内容は大きく分けると「**賃貸管理**」と「**建物管理**」の2つになります。

賃貸管理は、入居者の募集をはじめ、契約の手続き、家賃の回収、滞納者への催促、入居者のクレーム対応などの業務になります。

建物管理は、建物共用部の定期的清掃や法定点検、設備修繕など建物をよい状態に保つために行う業務のことです。

「賃貸管理」「建物管理」の主な業務内容について、それぞれ具体的な例を挙げながら説明していきましょう。

●賃貸管理の主な業務内容

①入居者の募集

物件に入居してもらい、定期的な家賃収入を得ていくことは、不動産投資をする上で最も重要な仕事です。人口減少とアパートの供給過多という状況から今後、空室率は上昇していくことが予想されます。そうした中で、いかにして他の競合物件にはない特徴や付加価値を打ち出し、入居者を確保できるかが不動産投資で成功するカギになると言えるでしょう。

②家賃の回収

家賃の回収は、以前はオーナー自らが入居者から現金で回収していましたが、最近では銀行振込がほとんどです。毎月、月末に指定の口座に入居者から家賃が振り込まれているかどうかを確認する必要があります。また、家賃が滞納されることは、オーナーにとっては、非常に切実な問題となります。したがって、家賃を確実に回収することはオーナーにとって重要な業務です。万一、家賃の滞納が生じた場合は、できる限り早く解決策を模索しなければなりません。場合によっては、賃貸借契約の解除まで視野に入れて対策を講じなければならないこともあります。

③クレーム対応

賃貸管理を行っていると、入居者から「設備・機械の故障」「近隣住民とのトラブル」などのクレーム電話がかかってくることがあります。入居者からの連絡は解約か更新時を除き、たいていの場合が急を要する事案が多く、この対応が遅れた場合、設備の故障以外の部分へのクレームに発展してしまう可能性が出てくるため、早期の対応が必要となります。

●建物管理の主な業務内容

①共用部の清掃

部屋数が多く、大きな物件になるとポストや自転車置き場、ゴミ集積所などの共用部の清掃に大きな手間がかかります。入居者に快適に過ごしてもらうためにも、共用部は定期的に清掃を行い、物件の価値を下げないようにすることが大切です。オーナー自らが清掃するという選択肢もありますが、清掃費は経費に計上できるため、専門業者に委託するのがいいでしょう。

②法定点検

法定点検とは、建築基準法や消防法などにより、共同住宅に義務づけられている点検・検査のことです。この検査を実施できるのは有資格者のみとされています。物件の階数や延べ床面積によって必要な検査内容が異なるので、必ず不動産会社に確認しておきましょう。

③設備修繕

年月が経つにつれ、建物は必ず劣化してきます。この劣化を食い止めるためには外壁の補修や塗装、排水管の取り替え工事などの修繕工事が必要となります。修繕工事は工事の頻度が少なくても、その分、一度にかかる費用が大きくなる場合がありますので注意が必要です。

Point

- **管理業務には「賃貸管理」と「建物管理」がある。**
- **賃貸管理は賃貸契約、建物管理は物件の保守点検に関するものである。**

2 管理会社の選び方

管理会社によって得意不得意がある

次に物件経営に大きく影響する管理会社の選び方について説明します。

サラリーマンであれば、ほとんどの人が自主管理ではなく管理会社を利用するでしょう。

しかし、空室が全然埋まらない状況になってしまうと、大変なことになりますので、管理会社は慎重に選ぶことが大切です。

管理会社を選ぶときのポイントは、有名で大きな会社に任せるのが安心だと思いがちですが、まず覚えていただきたいのは、それぞれの物件が持っている特性に合った管理会社を見極めることです。

ファミリー向けのマンションが得意な管理会社もあれば、単身者向けのワンルームマンションが得意な管理会社もあるように、それぞれの管理会社には客付けなどが得意な物件がそれぞれあります。そのため、一概に「大きな会社だから安心」とは言えない場合があります。

逆に、３人ぐらいで経営している不動産会社は、規模は小さいですが、地元に根づいているからこそ、その地域の不動産に関する情報を知り尽くしているので、客付けが強く、ずっと満室であるケースもあります。

つまり、管理会社は、会社のブランドだけで、選ばない方が得策です。会社の規模の大小で選ぶのではなく、自分で実際に管理会社や賃貸会社を回り、現場でどんな営業マンが働いているかを自分の目で見て決めるといいでしょう。

●サブリースのメリットとリスク

空室、滞納、家賃下落、その他のリスクの一切を不動産会社が肩代わりしてくれる「**サ**

ブリース」という制度があります。

サブリースとはオーナーが賃貸物件をサブリース会社に一括して賃貸し、サブリース会社が貸り主となって一般の入居者に転貸することで代わりに賃貸経営を行う仕組みです。つまり、オーナーは何もしなくてもプロが代わりに賃貸経営を代行し、毎月定額の固定賃料を受け取れるのです。これがサブリース最大の魅力です。

しかし、サブリースは「オーナーの負担を肩代わりしてくれる」という安心感がある一方で、本当に入居しているかどうかが見えないというデメリットもあります。実際の入居率も見えませんし、サブリースの会社の経営がもし悪くなってしまったら、いつでも解除されてしまうというリスクがあります。

サブリース会社にすべて任せるという方法もありますが、やはり最初は自分自身で、管理会社と連絡を取り、客付けも自分でやることによって、どうしたら入居者が決まるのか、長く入居してもらえるのか、どうしたら空室が出てしまうのかというのを学ぶことが必要だと思います。

サブリースという仕組みは安心できる一方で、リスクもあるということは覚えておいてください。

Point

- 管理会社によって得意不得意があるので、よく見極めて選ぶべきである。
- サブリースは業者が家賃を保証するので便利だが、リスクもあるので注意しよう。

3

満室対策に有効なフリーレント

フリーレントとは、入居後1〜3カ月の家賃を無料にすること

物件を所有している限り、オーナーについてまわる最大の問題は、空室が発生することです。空室の期間が長引けば長引くほど、その分の家賃が発生しないため、なるべく早く空室を埋めることが必要です。

空室を埋めるための方法として、最も即効性があるのは、家賃を下げることです。しかし、家賃を下げてしまうとすでに入居している人から不満が出たり、利回りが低くなるなどの問題が発生してしまいます。

空室期間を短くするために、「**フリーレント**」という仕組みを活用する方法があります。

フリーレントとは、入居後の家賃を1～3カ月ほど無料とする不動産賃貸借契約の形態のことです。無料となる期間に決まりはありませんが、実際は入居開始から数カ月間の賃料を限定的に無料にすることをいいます。

部屋を借りる人にとって、「敷金」「礼金」「引越費用」「保証金」などの初期費用は大きな負担になります。

この問題を解決するために考えられたのがフリーレントです。

転居の際の初期費用を抑えることから部屋を借りる人の負担が軽減されるのと同時に、不動産のオーナーにとっては入居者を確保しやすいというメリットがあります。

フリーレントの仕組みを活用する方法として、賃貸会社に対する広告費を2カ月ぐらい先に渡したり、営業マンへの成果報酬を多くするなどの方法もあります。

さらに、掃除機や電子レンジ、ファミリーであれば女性が喜ぶような入居者限定の特典をつけると、入居が決まりやすくなります。

オーナーにとって、これらの特典は数万円程度の出費ですので、高い費用対効果が見込めます。

このようにフリーレントは空室対策の効果が高く、所有する物件の資産価値を下げないためにも役立ちます。

所有する物件がすぐに埋まってしまうのであれば、フリーレントを活用する必要はありませんが、空室リスクの心配がある物件は、フリーレントの仕組みを活用することによって、十分なメリットが期待できるので、検討してみましょう。

Point

- **フリーレントとは、入居後一定期間の家賃を無料にすることである。**
- **フリーレントは、家賃や物件の資産価値を下げずに済む空室対策である。**

4 家賃滞納者対策

●家賃滞納は対応を誤れば、トラブルに

所有する物件に家賃滞納者がいると家賃収入が減り、その部屋が空室と同じ状況になります。

複数月において家賃を滞納する入居者をそのままにしておくと、この先も家賃を滞納し続ける可能性があるため、早急な家賃督促が必要です。

また、家賃滞納者が長期にわたり居座ることになると、オーナーの負担が増えることにもなります。ここでは、家賃滞納者への対策について説明します。

滞納している家賃の催促は慎重な配慮が必要とされる業務ですが、ほとんどのオーナーは家賃回収の専門家ではないので、細心の注意が必要となります。オーナー自らが滞納中の家賃を催促したときに、言い方を誤ったためにトラブルとなるケースも少なくありません。

●家賃保証会社をつける

入居者とのトラブルを避けるためには、家賃保証会社をつけることがいいでしょう。家賃保証会社は借主が家賃を延滞したとき、貸主に対して立替え払いをしてくれる会社です。家賃支払いの連帯保証をする代わりに、借主本人から保証料を手数料として受け取ります。

利用形態はさまざまで、利用者が連帯保証人がわりに利用するケースもあれば、不動産会社指定の保証会社に加入しなければいけないケースもあります

家賃回収が難しいケースでも保証会社が家賃を保証してくれるので、オーナーにとっては安心できる仕組みとなっています。また何らかの理由で、連帯保証人が用意できないと

いう人にとっても役立つ仕組みと言えます。

●入居申込書の内容をしっかり見る

家賃滞納を防ぐ手段として、家賃保証会社を利用することに加えて、入居申し込みの際の書類内容をしっかりと見ることも大切です。

たとえば、入居者には障がい者や生活保護の受給者などさまざまな特徴があります。生活保護の人に関しては、役所が家賃を代わりに払うことになるので、一般の入居者には3万円で貸している部屋でも4万円の家賃が確保できるなど、相場に関係なく、高い賃料設定ができたりする場合があります。

しかし、役所から受け取ったお金を生活保護の人が、オーナーに本当に払ってくれるかどうかといったリスクもあります。

このように入居者にはさまざまな社会的背景や特徴があることが考えられますので、オーナーが自ら入居申込書の内容にしっかりと目を通し、家賃の保証は誰がしてくれるのかを把握することが大切です。

Point

- 家賃の滞納は実質的に空室と同じことになるので、賃貸経営に大きな痛手となる。
- 家賃滞納対策としては、借主に家賃保証会社に加入してもらうことがオススメ。

5

天災や火災発生時の対策

●火災保険への加入は必須

地震や台風、豪雨などの自然災害や火災などで住宅が被害を受ける様子をニュースなどで目にする機会が少なくありません。購入した物件に不測の事態が起こってしまった場合に備え、保険に加入しておく必要があります。

加入する保険については、売主側の不動産会社が提携している保険会社のほかに、ローンを組んでいる金融機関が紹介する保険会社から検討することもできます。

またローンを借りる場合には、金融機関が物件を担保にしていますので、その物件が火事などで損害を受けないよう、火災保険への加入を義務づけているので、火災保険への加入は必須になります。

●保険にもさまざまなタイプがある

また、火災以外の災害にも備えておきたいものです。その場合、総合的に補償が受けられる「**総合保険**」があります。総合保険では、火災、落雷、台風、集中豪雨、ガス漏れによる破裂、給排水設備の事故による水漏れなどの損害を補償します。

昨今では、総合保険にプラスして「**施設賠償責任保険**」にも加入するオーナーが増えています。

「施設賠償責任保険」とは、建物の欠陥や施設の不備によって他人にケガを負わせてしまった場合（対人事故）、他人の物を壊したりしてしまった場合（対物事故）の賠償金を補償してくれる保険のことです。

なお、施設賠償責任保険の保険金が下りるのは第三者に対する法律的な損害賠償責任が生じた場合に限られています。ここが火災保険や地震保険とは決定的に異なる点です。

施設賠償責任保険が利用できる代表的なケースは次の通りです。

- **所有物件の看板や外壁のタイル、ガラス等が落下して、通行人に怪我をさせてしまった**
- **通行中の車に損害を与えた**

また、通行人や車以外に、入居者や入居者の所有物も対象となります。室内に釘などの突起物が出ていたために入居者にケガを負わせてしまったり、給排水設備が水漏れを起こして家財を壊してしまったりといった場合にも、賠償金が補償されることがあります。

さらに火災保険のオプションとして、太陽光システムの被害を補償する「電気機械設備特約」という保険もあります。

これは、水を汲み上げるポンプが壊れてもそれを補償するというもので、太陽光システムも付帯設備に入るので、便利な保険です。

火災保険をはじめ、万一のときに備える保険はさまざまなタイプがありますので、必要に応じて比較検討してみるようにしましょう。

●地震保険にも加入しておく

日本は地震大国ですから、万一のときに備えるという点では、「**地震保険**」にも加入しておくべきです。

特に今後、大きな地震が起こると予測される地域では、地震保険への加入は必須と考えましょう。自分が買いたいと思っている物件がある地域で今後大きな地震が起こるのかどうか、事前に調べたほうがいいでしょう。

地震保険は、保険の対象である建物または家財が全損、大半損、小半損、または一部損となった場合、あるいは地震が原因で火災が起きた場合に保険金が支払われます。築年数の若いマンションであれば、耐震性に優れているため、地震による損害をそれほど恐れる必要もないかもしれませんが、地震による火災は火災保険の対象外となりますので、注意が必要です。

地震保険に加入する場合、火災保険のオプションで加入することになります。

地震保険料は都道府県ごとに基準が決められているため、同じ建物であればどの保険会社で加入しても同じです。

また、地震保険は、一緒に加入する火災保険の保険金額の30～50％の範囲でしか契約できないルールになっていることも覚えておきたいポイントです。

Point

- **天災・人災を問わず、不動産には損傷のリスクがつきものである。**
- **火災保険への加入はもちろん、必要に応じて地震保険などへの加入も検討する。**

6 入居率を上げるための リフォーム&リノベーション

● 低予算でも部屋の印象が変わるリフォーム方法がある

入居率を上げるための手段の1つとして、物件をリフォーム、あるいはリノベーションする方法があります。

一般に「リフォーム」とは、古くなった設備や内装を新しくしたり、間取りを変えたりすることを指します。ちょっとしたクロスの張り替えや古くなった設備の取替えから、大がかりな改修や増築まで、何でも「リフォーム」と呼ぶこともありますが、どちらかというと、老朽化したものを新築の状態に戻すというニュアンスで使われることが多いです。

一方、「リノベーション」は、古い建物のよさを活かしながら、給排水・電気・ガスの配管なども全面的に刷新し、新築時以上に性能を向上させたり、居住者の好みのデザインや間取りに変えたりすることにより、中古住宅に「新たな付加価値」を生み出す手法としてよく使われます。最近では、住宅購入の新しい手法として、中古マンションや一戸建てを購入し、大がかりな改修を行うことを総称して「リノベーション」と呼ぶことも多くなっています。

しかし、間取りの変更など、本格的な作業をするとなると、多額の費用がかかります。たとえば、リフォームやリノベーションの費用に100万円をかけた場合、その100万を家賃収入で回収するのは大変ですし、高い費用対効果が見込めるとは限りません。

入居率を上げるリフォームやリノベーションとして、手軽に始められるものとしては、アクセントクロスがあります。

アクセントクロスは平米単価がだいたい900〜1000円と手ごろな価格で購入できるのが魅力的です。少し柄が入っているクロスでも、平米単価1200円ほどで購入できます。

通常の真っ白い無地のクロスとアクセントクロスでは、金額は少ししか変わりませんが、部屋の印象が劇的に変わり、入居者がすぐに決まる場合もあるのでおすすめです。

他にも3万円で購入可能なウォシュレットをつけたり、テレビモニター付インターホンをつけたりすることでも、入居者が決まりやすくなります。

古びたドアも1枚あたり8000円のカッティングシートで貼り替えると、随分と印象が変わります。ドアノブなら、1個3500円で新品に交換できます。

このように、低予算でも費用対効果が高いリフォームの方法はたくさんあります。

これらは手軽に購入ができる上、入居の決定率がアップするので、リフォームの際にはぜひ検討してみてください。

Point

- **入居率を高めるために部屋を改造する方法にリフォームやリノベーションがある。**
- **リフォームやリノベーションの費用はピンきりなので、よく検討すること。**

第 7 章

物件を売却する

1 売却を検討すべきときとは

●売却時にかかる税金とは

所有物件の売却はローンの残債に対して、いくらで売れるかを考えることが重要です。その前に、まず覚えておきたいのが、売却時にかかる税金です。

不動産の購入時に様々な経費がかかるように、不動産の売却時にも仲介手数料や税金などの経費がかかります。仲介手数料については、媒介契約を締結する際にわかっていることですが、税金については不動産の種類や面積などの諸条件や、譲渡するタイミングによっても税額が変化するので、事前に売却時にかかる税金について把握しておく必要があります。

しかし、売却時にかかってくる税金は、税制上の規定によって細かく取り決められ、さらに税率が微妙に変わることもあるため、一般の人々には把握しにくい内容となっています。

不動産を売却したときには売却価格から、その不動産の取得費と売却するときにかかった譲渡費用を差し引いた譲渡所得（売却益）に所得税や住民税がかかってきます。

税金の計算は次のようになります。

- **売却価格－（取得費＋譲渡費用）－特別控除＝課税譲渡所得**
- **課税譲渡所得×税率＝所得税・住民税**

● 長期譲渡所得と短期譲渡所得

さらに不動産を売却した際にかかる所得税、住民税は、売却時のその建物の所有期間によって次のように変わってきます。

【所有期間が5年を超える場合（長期譲渡所得）】

所得税（15・315％）＋住民税（5％）＝20・315％

【所有期間が5年以下の場合（短期譲渡所得）】

所得税（30・63％）＋住民税（9％）＝39・63％

※平成25年から平成49年までは、さらに復興特別所得税（基準所得税額×2・1％）が課されます。

このように所有期間が5年以上なら「長期譲渡所得」、5年以下なら「短期譲渡所得」に分けられ、税率も大きく異なります。

長期譲渡所得である方が税率も低くなりますが、5年以上という所有期間の計算が独特なので注意が必要です。

譲渡所得の計算のための不動産の所有期間は、不動産の購入日から譲渡した日までの期間ではなく、譲渡した年の1月1日までになります。

たとえば、平成20年5月に購入した不動産を平成25年6月に売却した場合、平成25年の1月1日は購入から4年目にあたるため、所有期間は4年となり、5年以上の長期譲渡所得とは認められません。翌年の平成26年1月1日になってようやく、5年以上の長期譲渡所得となります。

所有期間をしっかりと把握するには、物件を購入してから1月1日が何回経過したかを計算するとわかりやすくなるでしょう。

所有期間を勘違いしてしまうと、無駄に高い税金を収めることになりますから、不動産を売却する際には事前に確認しておきましょう。

Point

- **不動産の売却時には多額の税金がかかるので、しっかり理解しておく。**
- **不動産の売却時にかかる税金は、所有期間が5年以上か以下かで変わってくる。**

2

購入から10年後を見据えた計画を

●10年後、ローンの残債に対していくらで売れるかを考えておく

不動産投資は、年間のキャッシュフローを重視している人が多いものですが、賃貸経営が順調に続いていても、数年後も同じように運用できているとは限りません。

「物件をいつ売却するのか」という出口戦略がなければ、収支が悪化したときにも物件を所有し続けたり、最終的に利益がマイナスになってしまったりすることも起こります。

不動産投資での「入口」とは「購入」のことで、「出口」とは「売却」のことです。マイホームを購入する場合には、資産価値の変動に関係なく、住み続けることも考えられます

が、不動産投資の場合は、家賃収入や売却などで利益を得ることが目的です。

したがって、不動産投資はある一時点で評価するのではなく、入口（購入）から出口（売却）までを通してみて初めて、投資に成功したかどうかを判断することができると言えます。

そこで、大切になるのは、**購入から10年後を見据えた計画を立てる**ことです。

たとえば、1億円の物件を所有し、毎年のキャッシュフローが200万円の場合、10年間のキャッシュフローは、200万円×10年間で2000万円になります。そのキャッシュフローに対して残債も、5年後の残債はこのくらい、10年後の残債はこのくらいということが大体わかります。

10年後、その残債に対していくらで売却すればキャピタルゲインを得られるかをしっかりと考えることが大切です。

仮に売却時のキャピタルゲインが1000万円だった場合、累積のキャッシュフローは2000万円×10年間で2000万円。この2000万円と、1000万円のキャピタルゲインで合計3000万円の収益になります（注　取得時から満室想定で、税引き前で掲載しています）。

●古くなった物件は大規模修繕が必要になる

また、建物の老朽化を防いで資産価値を維持していくためには、適切な時期に修繕工事を行う必要があります。たとえば、外壁の塗装やタイルを使用している場合の補修、屋上の防水工事などといった共用部分の大規模な修繕です。

仮に物件購入時に30年のローンを組んだ場合、購入から30年後の物件は老朽化してしまうので、大規模修繕がかかる可能性が高くなります。大規模修繕には多額の費用がかかるので、収益を圧迫する要素になりかねません。

しかし、購入から10年後ぐらいであれば、大規模修繕も必要もなく、物件の見た目はそれほど遜色なく保てることができるので、売れるときに市場を見計らって売却することができます。

不動産投資では収支の変化や建物の状況など、今後起こり得るリスクを想定するとともに、さまざまな選択肢を想定しておくことが大切になります。

10年先を見据えた計画を常に考えながら、その場の状況に応じられる術を身につけることが不動産投資で成功するための秘訣と言えるでしょう。

Point

・不動産投資は、10年後にいくらで売れるかを想定しておくべきである。
・10年間に起こりうるリスクへの選択肢も想定しておこう。

3

売却先の探し方

●どうすれば高く売ることができるか

売却をするときにまず前提となるのは、買主は「安く買いたい」ということです。しかし、仮に安い物件を購入した不動産会社に、物件を売却しようとしても、その不動産会社は物件を安く提供しているので、当然安い価格にしかなりません。

売却先に高く売るためには、まずサラリーマンであるオーナーの考え方と、一般的に富裕層といわれる人の買い方、取引の考え方が別物であるということを覚えておく必要があります。

富裕層の人たちは現金を稼ぐためにく不動産を買うというよりも、その物件の資産性を重視したり、相続税対策に購入することが多いのです。地主や、その物件の隣に住んでいる人など、現金をたくさん持っている富裕層に対しての相続税対策というケースが、一番高い金額で売却できます。

そうした富裕層は取引している銀行もあり、現金も持っているので、有利な条件で買ってくれるケースが多いのです。

●富裕層の買い手の探し方

サラリーマンであるオーナーが投資目的で不動産を買うのと、売却したときの買主のモチベーションとは目的が違うので、そこで差額が生まれて高く売れる可能性が出てきます。

では、そのような買主はどう探したらいいのでしょう？　彼らは多くの場合、財閥系の不動産会社とコンタクトを取り合っているケースが多いようです。そのような不動産会社に売却の話を持ち込むと、富裕層の買主を見つけてくれる可能性が高まります。

このように、買うときと、売るときではまったく別の動きをする必要があることを覚えておきましょう。

Point

- 買主と売主では、目的やモチベーションが違うので、売値に差額が生じる。
- 相手が節税対策で不動産購入を考えていれば、一番高く売れる可能性も。

4 売却価格の決め方

●不動産会社への依頼は慎重に

物件を売却する際には、まず不動産会社に査定額を出してもらい、自分の売りたい額と比較検討して売り出し価格を決め、市場に出すことになります。

「高値で売りたい」という理由で、相場を考慮せず高値で市場に出しても売れなければ、意味がありませんし、必要以上に低い額で売って損をしてしまうことも避けたいものです。

不動産会社に売却物件の査定をしてもらう場合、会社選びは慎重に行いたいものです。

不誠実な不動産会社に頼んだ場合、契約を取りたいがゆえに、故意に査定額を高くしたり、買主がいないので、価格を下げるといった提案をしてくる会社もあります。そのような不動産会社に頼んでしまわないためにも、査定を依頼するときの会社選びは慎重に行うように心がけましょう。

●不動産会社を選ぶときのチェックポイント

不動産会社を選ぶ際には、いくつかのチェックポイントがあります。

まずは不動産会社の「宅地建物取引業免許証番号」を確認しましょう。免許番号は「○○知事免許（3）第○○」というように表されます。（　）内の数字は宅建免許を更新するたびに増えていきます。

（3）となっている場合は、この不動産会社は過去に2回、免許の更新をしているということになります。免許番号の有効期間は5年です。数字が大きいほど、長年営業しているということになるので、信用の置ける業者であると判断できる部分もあります。しかし、新しくできた会社でも親切な会社もあるので、一概に「数字が小さいから信用できない」というわけではありません。

また、免許証番号は、以下の国土交通省のホームページでも検索できます。

http://etsuran.mlit.go.jp/TAKKEN/takkenInit.do

宅建業者の名前を入力すれば、免許証番号が検索できますので、気になる業者があったら事前に調べるようにしましょう。

●宅地建物取引業免許は2種類ある

宅地建物取引業の免許は国土交通大臣から交付されている場合と、都道府県知事から交付されている場合の2通りがあります。

①国土交通大臣免許

2以上の都道府県の区域内に事務所を設置して宅地建物取引業を営む場合は、この免許を申請します。

たとえば、本店を東京都、支店を神奈川県に設置して宅地建物取引業を営む場合のように、事務所の設置が2つ以上の都道府県にまたがる場合には、国土交通大臣免許が必要となります。

②都道府県知事免許

1つの都道府県の区域内にのみ事務所を設置し、宅地建物取引業を営む場合は、この免許を申請します。

一見すると、国土交通大臣免許を取得している宅地建物取引業者の方が、知事免許を取得している宅地建物取引業者よりも信頼できるように感じてしまいますが、この免許の違いは事務所の立地形式だけです。

どちらから発行されていても、その不動産会社の信用度や実績に大きな違いがあることはありません。

●査定額を決める主な方法

不動産会社が査定額を決める方法はいくつかありますが、最も一般的なのは「**取引事例法**」といわれるものです。この方法は対象となる物件と条件が近い取引事例を探し、なるべく多くの成約事例を収集して、相場を見ながら価格を決めていきます。

その次に利用されるのは「**収益還元法**」といわれるもので、該当する不動産が生み出すであろう利益から、その不動産の現在の価値を算出する方法です。

これらの方法で不動産会社が出してくる査定価格が、自分が考える理想の売却価格より高ければいいのですが、多くの場合は、自分が売りたい価格よりも低いものになることが考えられます。

ここで「売りたい価格」と「売れる価格」のギャップが生まれます。市場に出す以上、売れなければ仕方ありませんし、売却してから「もっと高い値で売れたかもしれない」ということもあるかもしれません。

このようなことがないように、「売りたい価格」と「売れる価格」のギャップを埋めていく作業が必要となります。

●最低価格と査定額を比較検討する

まず、自分が考える最低ラインの価格を出してみましょう。最低ラインの価格とはこれ以下の価格で出してしまったら、自分の生活が成り立たなくなる価格ということです。たとえば、ローンの残高と売却にかかる諸費用や持ち出し可能額を足した額ということになります。

次に、この「最低ラインの価格」を不動産会社による査定額と比べてみましょう。たいていの場合、「最低ラインの価格」は「査定価格」よりも低くなります。それぞれの価格を元に、担当者と売り出し価格について相談しながら、売却価格を考えることになります。

Point

- **売却価格の決定は、まず不動産会社に査定してもらうことから始まる。**
- **査定価格には複数の方法があるが、最終的には不動産会社との相談で決まる。**

5

売却の手続き

●売却にも手続きがある

不動産を売却するときには、さまざまな手順が必要となります。

仲介会社に依頼、売却の条件を決めて告知し、買主が見つかれば、具体的な売却の手続きに進みます。

ここで不動産売却の全体の流れを確認しましょう。

●①売却価格の相場を把握する

売却しようと思っている物件は実際どれくらいで売れるのか把握しておきましょう。自分が所有している物件の間取りや地域などが似ている物件をインターネットの不動産情報サイトで探したり、また住宅情報誌やチラシなどで探すことで、価格の相場を調べることができます。

●②不動産会社に査定を依頼する

不動産会社は、不動産流通機構などから情報を得て、数々の取引事例のデータを蓄積しています。そのようなデータをもとにした専門家の視点で査定してもらいましょう。査定自体は無料で依頼できますので、多くの意見を聞くためにも、1社だけではなく複数の不動産会社に査定を依頼するようにしましょう。

●③不動産会社と媒介契約を結ぶ

査定を依頼した不動産会社から提示された査定価格や、自分自身で収集した情報などをもとに仲介を依頼する不動産会社を決め、媒介契約を結びます。媒介契約の形態は大きく分けて「**専属選任媒介契約**」「**選任媒介契約**」「**一般媒介契約**」の3種類の形態があります。媒介契約の内容をよく見極めて、自分に合った契約にするようにしましょう。

●④価格を決め、物件を売り出す

売り出し価格は、その後の売却活動に大きく影響します。自分の希望売却価格だけでなく、査定を依頼した不動産会社の査定価格や周辺の売却事例、市場の動向なども踏まえて、慎重に決めましょう。購入希望者が現れたら、売却条件を交渉することになります。

●⑤物件情報を開示する

売買契約を結ぶ前に、物件に関する情報をできるだけ正確に購入希望者へ提供しましょう。特に、物件に不具合や欠陥などがある場合には、必ずその旨を購入希望者に伝え、契約締結後のトラブルを防止するようにしましょう。

また、不動産会社が仲介する場合は、「**重要事項説明**」という制度に基づく詳細な物件説明を行います。

●⑥売買契約を結ぶ

売買条件が合意したら、買主と売買契約を結びます。このとき、一般的には物件価格の10～20％程度の手付金を受け取ることになります。売買契約を結ぶ際には、そのほかの契約についてもしっかりと内容を確認しましょう。

●⑦不動産の引き渡し

引き渡しの手続きでは、売買代金を受け取るのと同時に、登記申請（抵当権抹消、所有権の移転等）の手続きを行います。

また、引き渡した後の税務申告などの手続きも忘れないようにしましょう。

以上が物件の売却に関する一連の流れとなります。

「売却」といった出口戦略も含めて理解をした上で、自分に合ったベストな投資用不動産を見極めていきましょう。

Point

- **不動産の売却は、購入とはまた違ったプロセスを踏む必要がある。**
- **購入する時点で、売却時のこともある程度想定しておくことが必要。**

おわりに

本書では、会社員が仕事を続けながら、不動産投資を始めるにあたり、どのようにスタートするべきか、拡大させるべきか、順を追って解説をしていきましたが、いかがでしたでしょうか。漠然としていた不動産投資の世界を少しはご理解いただけたのではないでしょうか。

とはいえ、「百聞は一見に如かず」で、ご自分が物件を購入しようとして初めてわかることもあるでしょう。また購入後も、思いもよらないことが起きるかもしれません。ですから、基本的な知識が身についたら、ぜひ行動に移していただきたいのです。

私たち、オスカーキャピタルでは、投資用不動産物件の仕入れ、販売、管理までをトータルサポートしていますが、顧客のリピート率は8割を超えます。弊社の営業スタイルは、1案件につき数名のお客様にしか提案しません。しかも個別面談をされた方に限って行っています。

不動産投資は本書の中でお伝えしている通り。それぞれの属性、将来設計によって購入すべき物件や利用する金融機関、自己資金投入の有無など、さまざまな角度から検証しなければなりません。その人に見合った案件のみ提案しますので、成約率が高くリピート購入をしていただいていると考えています。

不動産投資はいつの時代も変わらない、安定的に副収入を生むことができる投資であり、ビジネスです。

あなたに合ったベストな投資用不動産についてご案内できる日が来ましたら、幸いです。弊社主催のセミナーや個別相談など、お気軽にご参加ください。

みなさまの成功をスタッフ一同、心より祈っております。

2018年3月吉日

オスカーキャピタル株式会社　代表取締役　金田大介

【著者紹介】

金田大介（かなだ・だいすけ）

オスカーキャピタル株式会社　代表取締役
1982年愛知県生まれ。大学卒業後、競売専門の不動産会社に就職し、不良債権物件の仕入れノウハウを学ぶ。投資コンサルティング、組織構築、リーダーシップ、マネジメントを習得した後、2015年にサラリーマン向けに特化した不動産投資コンサルティング会社オスカーキャピタルを設立。これまで累計500人以上の投資家を成約に導く。物件仕入れ・融資付けに優位性を持ち、他社との差別化を図ることにより、顧客のリピート率は80%を超える。「負けない投資」をモットーに、多くの投資家を成功に導く。宅地建物取引士、公認不動産投資コンサルティングマスター、２級ファイナンシャルプランニング技能士。

オスカーキャピタル株式会社
http://www.oscar-c.jp

専用LINE＠へご登録!!
セミナー情報をこちらからご案内します

＊本書に記載した情報や意見によって読者に発生した損害や損失については、
著者、発行者、発行所は一切責任を負いません。投資における最終決定は
ご自身の判断で行ってください。

いつの時代も不動産投資
ゼロからの成功メソッド

2018年3月20日　初版発行

著　者　金田大介
発行者　野村直克
発行所　総合法令出版株式会社
〒103-0001　東京都中央区日本橋小伝馬町15-18
ユニゾ小伝馬町ビル9階
電話 03-5623-5121

印刷・製本　中央精版印刷株式会社

ISBN 978-4-86280-608-6
総合法令出版ホームページ　http://www.horei.com/

総合法令出版の好評既刊

経営・戦略

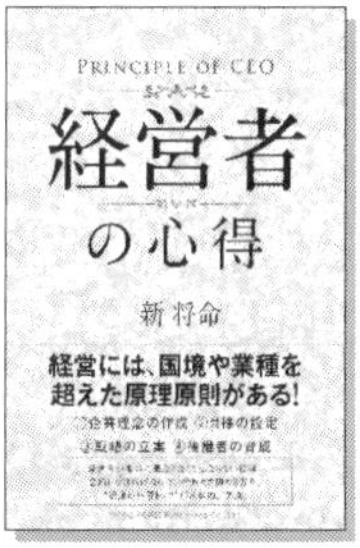

経営者の心得

新 将命 著

外資系企業のトップを歴任してきた著者が、業種や規模、国境の違いを超えた、勝ち残る経営の原理原則、成功する経営者の資質を解説。ダイバーシティ（多様化）の波が押し寄せる現在、経営者が真に果たすべき役割、社員との関わり方を説く。

定価(本体1500円+税)

取締役の心得

柳楽仁史 著

社長の「右腕」として、経営陣の一員として、企業経営の中枢を担う取締役。取締役が果たすべき役割や責任、トップ（代表取締役）との関係のあり方、取締役に求められる教養・スキルなどについて具体例を挙げながら述べていく。

定価(本体1500円+税)

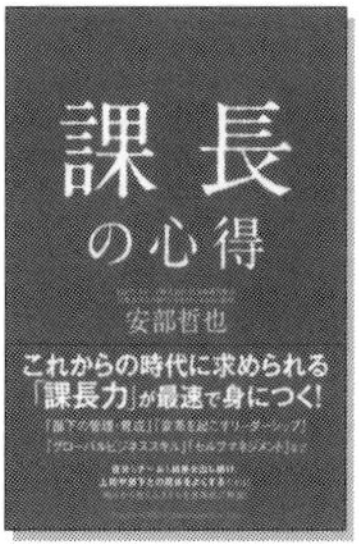

課長の心得

安部哲也 著

これからの課長に求められるスキルをわかりやすく実践的に解説。従来主要な役割だったマネジメント力に加え、時代の変化に伴い新たに求められるスキルを多数紹介し、課長の仕事のやりがいや面白さを訴える内容となっている。

定価(本体1500円+税)